DAS WILL ICH ALLES WISSEN!

MEIN BUNTES BILDERLEXIKON

ULLMANN

Inhaltsverzeichnis

Das Sonnensystem

Der Mond ist unser Satellit, er dreht sich um die Erde und braucht dazu etwas mehr als 27 Tage. Zugleich dreht er sich um sich selbst und zeigt uns dabei immer dieselbe Seite.

Die Sonne ist viel riesiger als die Erde und strahlend hell. Durch die Verbrennung von Gasen erzeugt sie ständig Licht und Wärme, die bis zu uns gelangen.

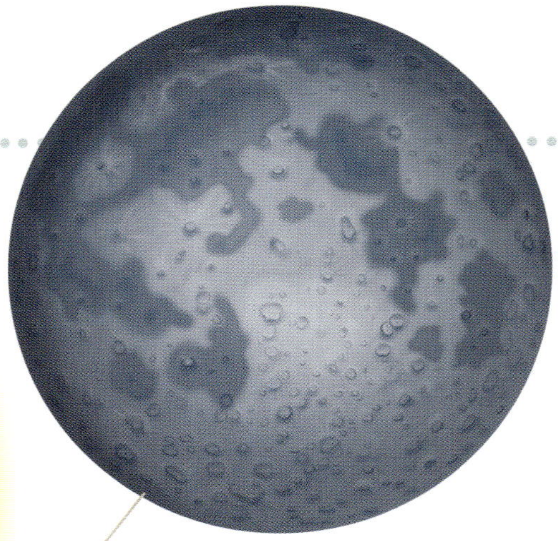

Die Sonne ist der Stern, der uns am nächsten ist. Die Erde und die anderen Planeten mit ihren Monden wandern um sie herum. So bilden sie das Sonnensystem.

Im Weltall gibt es Tausende, ja Milliarden Sterne, und alle werden von Planeten umkreist. Viele Sterne zusammen bilden eine Galaxie.

Pluto, der ganz am äußersten Rand des Systems unsere Sonne umkreist, ist sehr klein und kalt. Seit 2006 gilt er nur noch als Zwergplanet. Die „echten" acht Planeten heißen Merkur, Venus, Erde, Mars, Jupiter, Saturn, Uranus und Neptun.

Beobachtet man den Mond, erkennt man, dass er jede Nacht seine Gestalt verändert. Welcher Teil sichtbar ist, weil er gerade von der Sonne beleuchtet wird, hängt davon ab, an welcher Stelle seiner Bahn um die Erde sich der Mond gerade befindet.

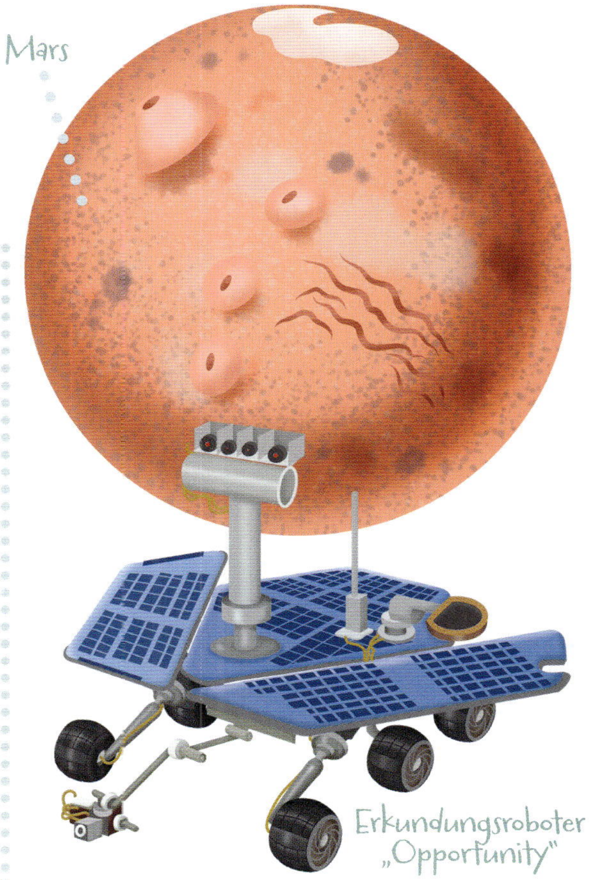

Der „Rote Planet" Mars wird von uns erforscht. 2004 landete dort der berühmte Erkundungsroboter „Opportunity" und fuhr mehr als 45 Kilometer weit über die Oberfläche. Dabei filmte er die Umgebung. Erst nach jahrelanger Erforschung wurde er durch einen Sandsturm lahmgelegt.

Die Erde verändert sich ständig, aber auch sehr langsam. Die Oberfläche, auf der wir leben, wird Erdkruste genannt. Darunter liegt eine glühend heiße Kugel aus geschmolzenem Gestein.

Wunder der Natur

Überall auf der Welt hat die Natur wahre Meisterwerke geschaffen. Ihre Kräfte wie Regen und Wind haben die unglaublichsten Gebilde geformt.

In Kappadokien, in der Türkei, hat sich die Natur eine fantastische Landschaft mit Felskegeln ausgedacht, die wie Pilze aussehen. Lava und Asche aus alten Vulkanausbrüchen wurden zu Felspyramiden geformt, die „Feenkamine" genannt werden.

Der Geysir Strokkur in Island ist für seine Dampfstöße berühmt, die bis zu 30 Meter in die Luft schießen können. Dieses Spektakel wiederholt sich alle vier bis acht Minuten.

Die Mesas im Monument Valley, USA, (unten) erheben sich bis zu 600 Meter über den Wüstensand.

Im Norden Australiens ragt ein riesiger roter Sandstein-Monolith aus einer weiten Ebene heraus. Dieser über 340 Meter hohe Felsen mit fast senkrechten Wänden ist schon von weitem zu sehen und ändert bei Sonnenauf- und -untergang seine Farbe.

In der Türkei liegen die Quellen von Pamukkale. Hier haben Wasserfälle aus Thermalwasser viele glitzernde Becken geformt, die von einer Schicht aus weißen Salzen überzogen sind.

Im Nordosten des US-Staats Wyoming erhebt sich der imposante Devils Tower (Teufelsturm). Sein flacher Gipfel hat eine Höhe von 265 Metern.

Der Devils Tower ist eine fast zylinderförmige Säule aus Basalt, entstanden durch einen Vulkanausbruch. Dabei ist flüssige Gesteinsmasse (Magma) tief aus der Erde heraufgeschossen. Die steilen Hänge des Bergs sind von tiefen Klüften durchzogen.

Die Berge von Guilin sind stets in feinen Nebel gehüllt und erheben sich am Ufer des chinesischen Flusses Xi. Sie umgeben die Stadt Guilin wie die riesigen Zähne eines Drachens aus der chinesischen Sagenwelt.

Die Niagarafälle, gelegen zwischen Kanada und den USA, gehören zu den beeindruckendsten Wasserfällen der Welt. Pro Sekunde stürzen fast 6 Millionen Liter Wasser in die Tiefe.

Auf der kleinen schottischen Insel Staffa liegt die Höhle „Fingal's Cave". Sie besteht aus Basaltsäulen vulkanischen Ursprungs. Die Meereswellen, die hineinströmen, hallen in ihrem Inneren wider. Dort sieht es aus wie in einer gotischen Kathedrale.

Das Monument Valley lag vor Urzeiten unter dem Meeresspiegel. Seit das Wasser fort ist, liegt dort eine Ebene, durchzogen von tiefen Spalten. Aus dieser trockenen Landschaft ragen Felsspitzen und abgeflachte Felsen empor, die man Mesas nennt. Sie wurden durch Wasser und Wind in Form geschliffen.

Das Meer

Aus dem Weltall sieht die Erde wie ein blauer Planet aus. Das Wasser der Ozeane und Meere bedeckt mehr als zwei Drittel der Erdoberfläche. Das Wasser macht unseren Planeten einzigartig, denn es ist eine große Ausnahme, dass es hier so viel davon gibt. In den Tiefen des Meeres entstanden vor Millionen von Jahren die ersten Lebewesen.

Der Blauwal hält viele Rekorde: Er wiegt so viel wie 30 Elefanten und ist so lang wie drei Busse hintereinander. Die Rufe des Wals sind die lautesten Geräusche im ganzen Tierreich, sie erreichen 188 Dezibel. Auf seiner Zunge könnten 50 Menschen stehen, und sein Herz ist so groß wie ein Auto.

Menschen können unter Wasser nicht atmen. Deshalb muss man beim Tauchen spezielle Flaschen tragen, in denen Luft gespeichert ist. Reichlich entlohnt wird man für das Tragen der Tauchausrüstung durch den einzigartigen, fantastischen Anblick unter Wasser, wo bunte Fische zwischen Korallen umherschwimmen.

Das salzigste Meer der Welt ist das Tote Meer im Nahen Osten. Eigentlich ist es ein See, der ca. 420 Meter unter dem Meeresspiegel liegt. Es ist so salzig, dass man sich ganz leicht darauf treiben lassen kann.

Der Fächerfisch gehört zusammen mit dem Schwertfisch zu den schnellsten Wesen der Erde: Er kann sich mit bis zu 110 km/h durch das Wasser bewegen. Nur der Gepard mit 120 km/h ist schneller.

Das Leben im Meer ist bedroht durch Millionen Tonnen von Abfall, die jedes Jahr ins Wasser gekippt werden. Nur wenn alle mithelfen, können wir bleibende Schäden noch vermeiden.

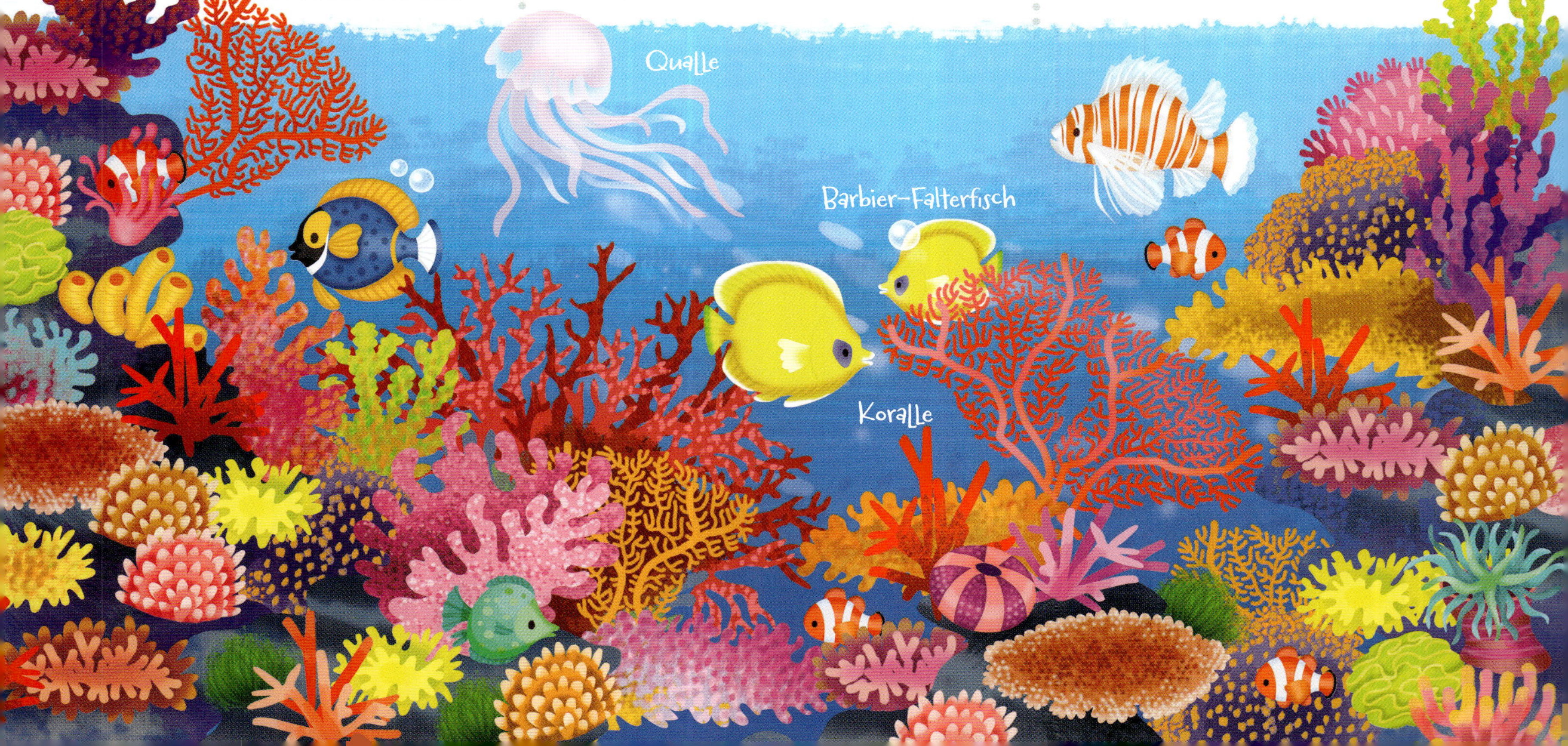

Epipelagial

Diese Tiefenzone bekommt das meiste Sonnenlicht. Hier gedeihen Algen.

Mesopelagial

Die Zone unterhalb von 200 Metern Tiefe nennt man Mesopelagial. Hierher gelangt viel weniger Licht, und hier leben Tintenfische, Aale, Kalmare und Schwertfische.

Bathypelagial

So nennt man die Zone, die unterhalb von 1000 Metern Tiefe liegt. Hier schwimmen Pottwale, Riesenkalmare und manche Fische mit Leuchtorganen.

Abyssopelagial oder Mitternachtszone

Diese Tiefenzone erstreckt sich unterhalb von vier Kilometern Tiefe. Hierher dringt kein Licht mehr, und einige Fischarten, die so tief im Meer leben, sind völlig blind.

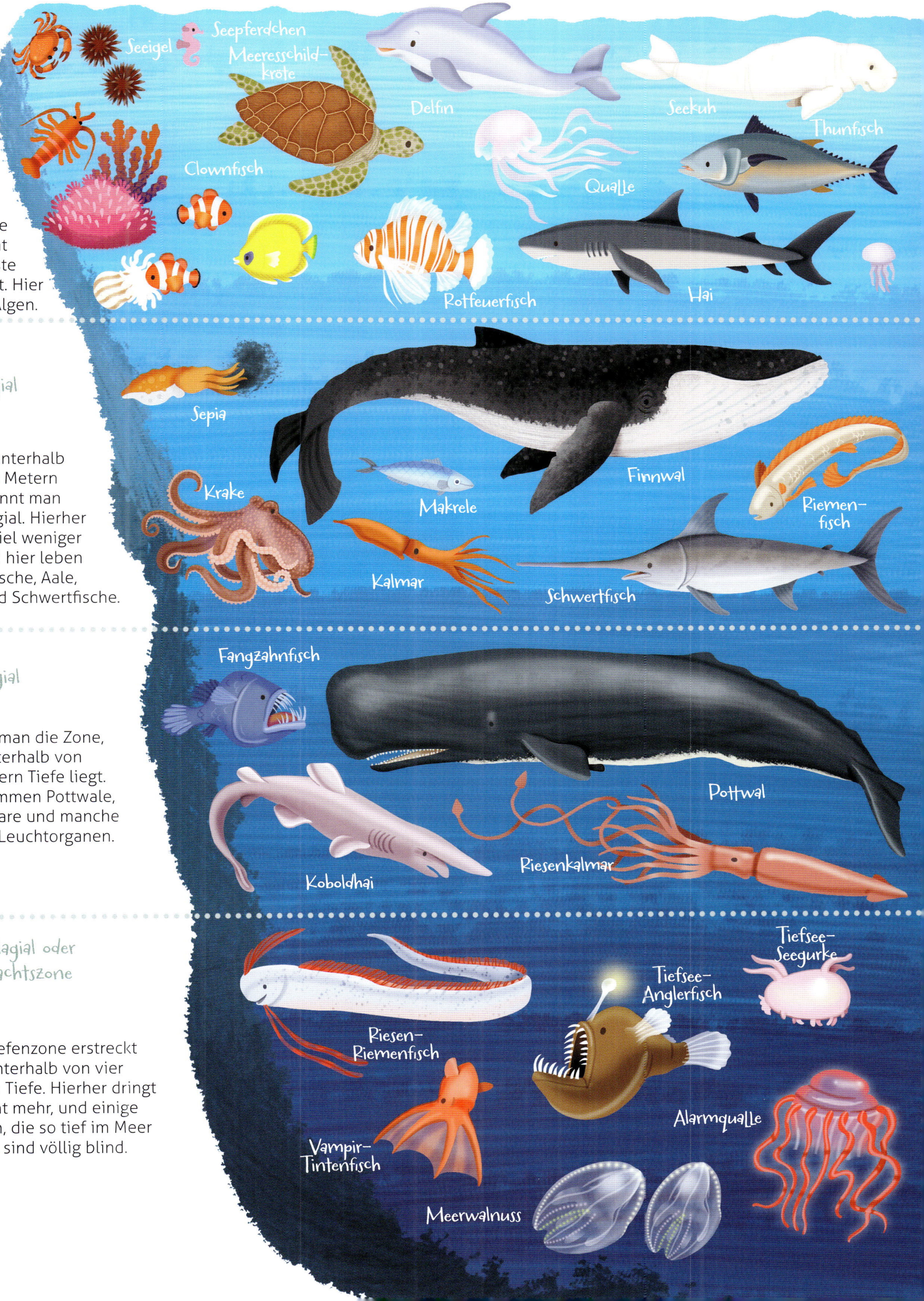

Gebirge

Die Entstehung der Berge hat sehr lange gedauert. Die ältesten haben sich vor über 3 Millarden Jahren gebildet und sind heute durch die Einwirkung von Wind und Regen (Erosion) wieder ganz flach.

Experten schätzen, dass es eine Million Jahre dauert, bis ein 1000 Meter hoher Berg wieder ganz abgetragen ist.

Schnee, der in großer Höhe fällt, schmilzt auch im Sommer nicht. Mit der Zeit werden die vielen Schneeschichten zusammengedrückt, und es entsteht ein Gletscher.

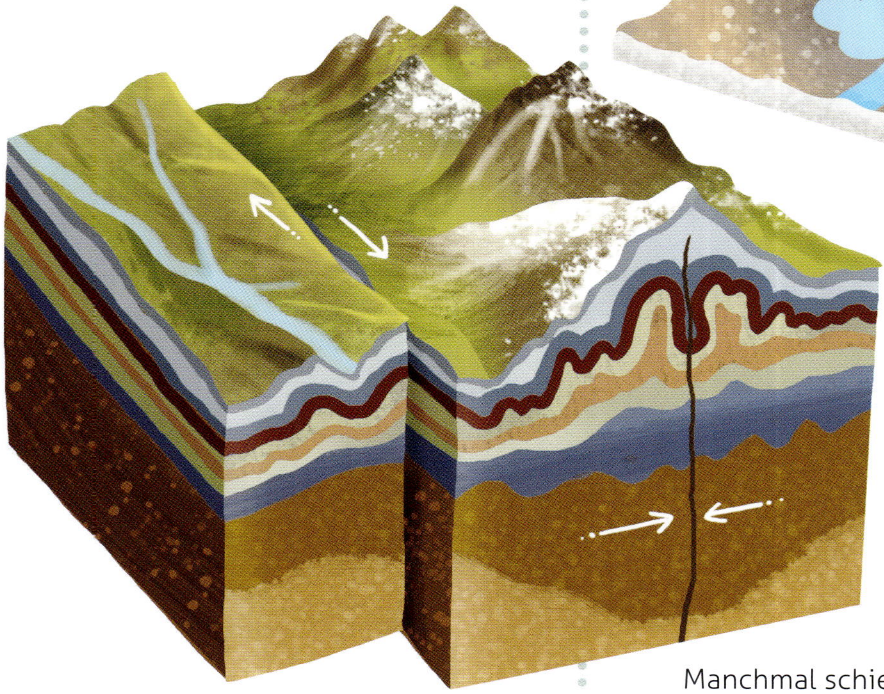

Die höchsten Gebirge wie der Himalaya, die Anden, die Rocky Mountains und die Alpen entstanden in einer Zeit vor 160 bis 2 Millionen Jahren.

Gletscher stehen nicht still, sondern sind immer in Bewegung. Durch die Erdanziehungskraft schieben sie sich ganz langsam bergab. So graben diese Zungen aus Eis tiefe Täler in den Berg und schieben das Gestein, das sie dabei zerbrechen, vor sich her. Diese Felsansammlungen nennt man Moränen.

Die Erdkruste besteht aus mehreren Platten, die miteinander verbunden sind. Sie heißen tektonische Platten. Sie schwimmen wie Klumpen auf dem Magma im Inneren der Erde und sind stets in Bewegung. Dort, wo sie aufeinandertreffen, entsteht ein riesiger Druck, sodass die Ränder der Platten sich hochdrücken und Berge bilden.

Manchmal schiebt sich eine Platte unter die andere. Dann bildet die obere ein Gebirge, und die untere wird in die Tiefe gedrückt. Wenn sie den Erdmantel erreicht, schmilzt die Hitze das Gestein und es entsteht Magma, das durch Vulkane wieder nach oben gedrückt wird.

Das Himalaya-Gebirge entstand dort, wo die Indische Platte auf die Eurasische trifft. Seit dem Zusammenprall drückt Indien gegen Asien. Dadurch wächst der Himalaya bis heute und wird jedes Jahr ein paar Zentimeter höher.

Die höchsten Gipfel der sieben Kontinente werden „Seven Summits“ genannt.

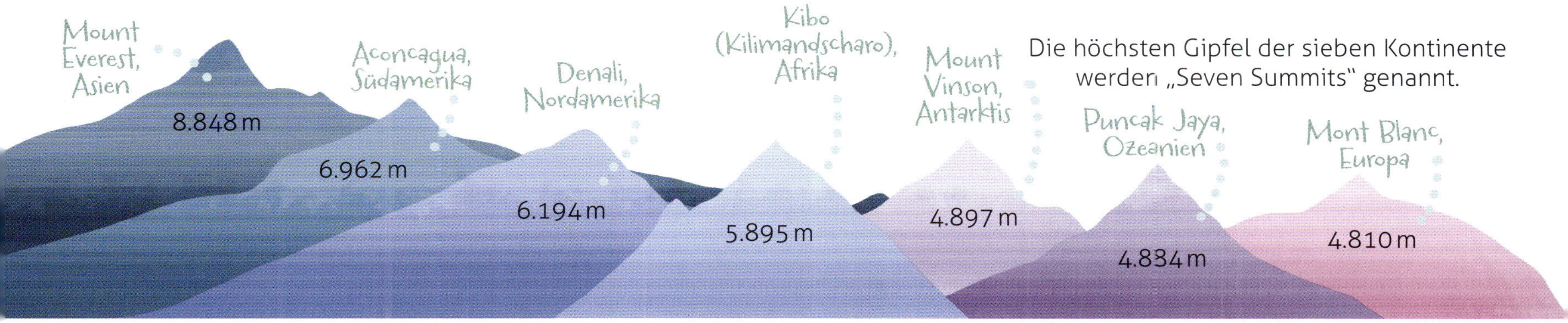

Im Klima des Hochgebirges können Pflanzen nicht gut überleben. Wegen Wind und Kälte und weil viele Monate lang Schnee liegt, können sie sich oberhalb von 3000 Metern nur begrenzt ausbreiten. Die wenigen Sträucher, die dort überleben, bleiben recht klein.

Im Hochgebirge, auf mehr als 2500 Metern Höhe, gibt es nur noch wenige Tiere. Die wilden Yaks, die die Hänge des Himalayas bevölkern, können auf bis zu 6000 Metern über dem Meeresspiegel überleben, weil sie so gut gegen Kälte geschützt sind.

Edmund Hillary und Tenzing Norgay erreichten am 29. Mai 1953 als erste Menschen den Gipfel des Mount Everest.

Vom Samen zum Baum

Aus dem Querschnitt durch den Baumstamm kann man das Alter des Baums ablesen: Jeder der dünnen Ringe entspricht einem Jahr.

Alle Lebewesen brauchen Energie. Pflanzen benötigen außerdem Nährstoffe, die sie aus dem Boden beziehen. Um selbst Energie zu gewinnen, brauchen sie Luft und die Kraft der Sonne.

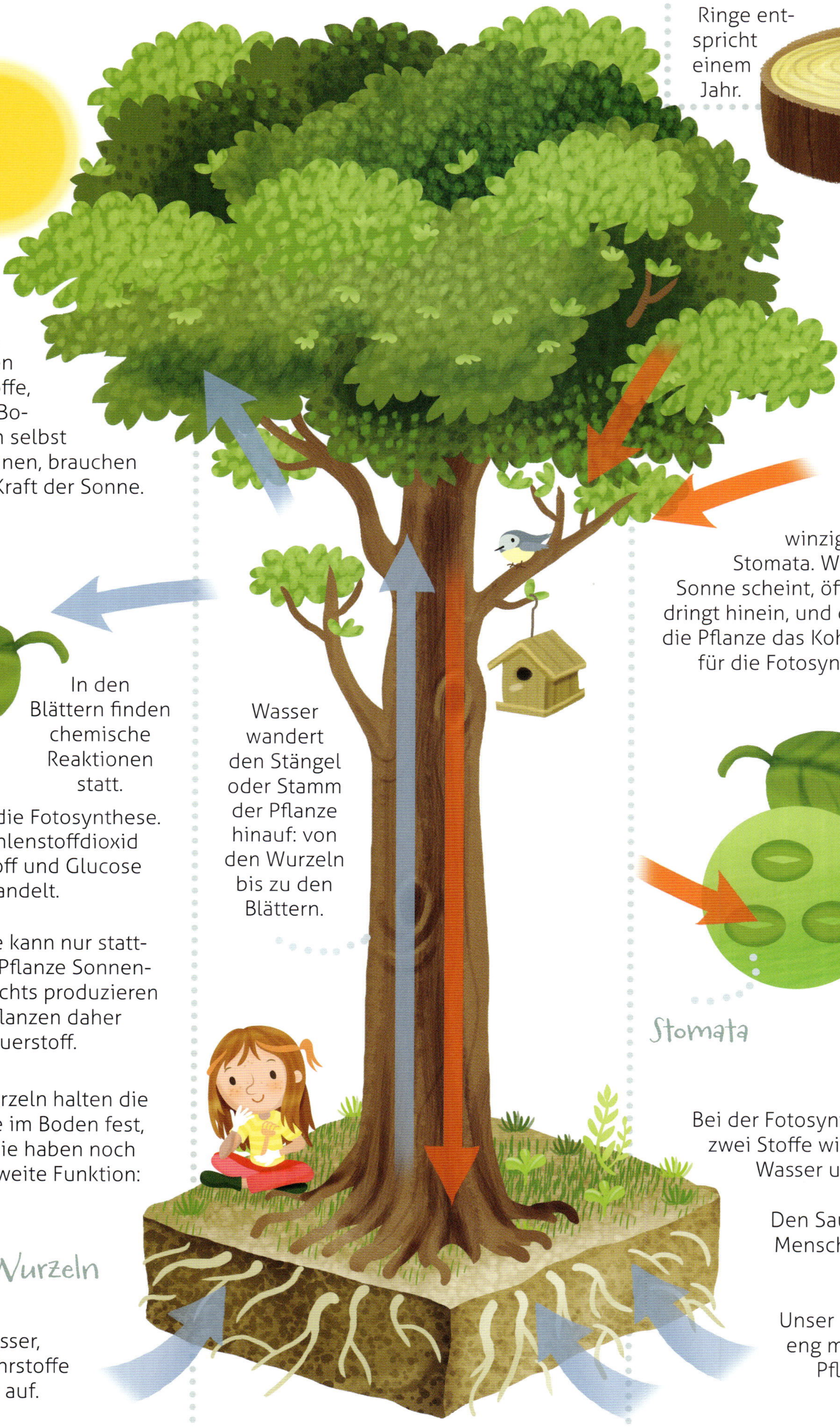

Die Fotosynthese findet in den Blättern statt und erzeugt hier Glucose, einen zuckerartigen Stoff. Dieser ist sozusagen die Nahrung für die Pflanze.

Auf der Unterseite der Blätter sind winzige Öffnungen, die Stomata. Wenn tagsüber die Sonne scheint, öffnen sie sich. Luft dringt hinein, und daraus nimmt sich die Pflanze das Kohlendioxid, das sie für die Fotosynthese braucht.

In den Blättern finden chemische Reaktionen statt.

Die wichtigste ist die Fotosynthese. Hierbei wird Kohlenstoffdioxid (CO_2) in Sauerstoff und Glucose umgewandelt.

Die Fotosynthese kann nur stattfinden, wenn die Pflanze Sonnenlicht bekommt. Nachts produzieren die meisten Pflanzen daher keinen Sauerstoff.

Wasser wandert den Stängel oder Stamm der Pflanze hinauf: von den Wurzeln bis zu den Blättern.

Die Wurzeln halten die Pflanze im Boden fest, aber sie haben noch eine zweite Funktion:

Sie nehmen Wasser, Mineralien und Nährstoffe aus dem Boden auf.

Bei der Fotosynthese gelangen zwei Stoffe wieder in die Luft: Wasser und Sauerstoff.

Den Sauerstoff brauchen Menschen und Tiere zum Überleben.

Unser Leben hängt also eng mit dem Leben der Pflanzen zusammen.

Ein einziger großer Baum erzeugt genug Sauerstoff für zehn Menschen. Es ist leicht, einen Baum zu pflanzen. Außerdem ist es ein toller Beitrag für unsere Umwelt und unsere Zukunft.

Der Lebenskreislauf der Pflanze beginnt mit einem Samen, der vom Wind oder einem Tier verbreitet wird. Fällt der Samen zu Boden, wachsen eine kleine Wurzel und ein Spross daraus hervor. Mit der Zeit wird die Pflanze kräftiger und größer. Wenn sie herangewachsen ist, blüht sie, und aus den Blüten entstehen Früchte. Die Früchte enthalten neue Samen, und alles beginnt von vorn.

Samen haben ganz unterschiedliche Formen und stecken oft in einer schützenden Hülle: in einem Zapfen, einem „Kastanien-Igel" oder einer Nussschale.

Der Samen der Kokospalme kann auf Meerwasser schwimmen. So konnte sich diese Palme über große Entfernungen ausbreiten. Sie gedeiht in Regionen mit tropischem Klima.

Bonsais sind Miniaturbäume. Die Kunst, sie zu züchten, stammt aus dem fernen Osten und ist besonders in Japan beliebt. Durch das Beschneiden von Wurzeln und Zweigen bleiben die Bäume winzig.

Ginkgo biloba ist eine uralte Baumart mit fächerförmigen Blättern, die vor 250 Millionen Jahren entstand. Damals lebten noch die Dinosaurier, deshalb nennt man den Ginkgo auch ein „lebendes Fossil".

Fleischfressende Pflanzen beziehen die Nährstoffe, die sie zum Wachsen brauchen, aus kleinen Insekten. Mit ihren Blättern, die sich zu kleinen Fallen entwickelt haben, fangen sie ihre Beute.

Die Blätter der Pflanzen können Tausende verschiedene Formen haben:

Bäume aller Arten

Auf unserem Planeten leben wahrscheinlich zwischen 10 und 100 Millionen Tier- und Pflanzenarten. Die meisten findet man in den Wäldern, wo die größte Artenvielfalt auf der ganzen Erde herrscht.

Die Pflanzen im Regenwald bilden unterschiedliche Ebenen – wie die Stockwerke eines Hochhauses.

Im Amazonas-Regenwald wachsen mehr als 50 verschiedene Baumarten.

Urwaldriesen

Das oberste Stockwerk bilden Bäume, die zwischen 40 und 60 Meter hoch werden. Sie bekommen das meiste Licht.

Kronendach

Die 5 bis 20 Meter hohen Bäume bilden das Kronendach. Sie bekommen weniger Licht.

Unterholz

Unter dem Kronendach stehen die Pflanzen dicht beieinander. Hier wachsen Farne und Sträucher, und Lianen schlingen sich um die Baumstämme. Manche Pflanzen wachsen in Hohlräumen anderer Bäume. All das nennt man das Unterholz.

Abholzung

Holz aus den Wäldern ist ein Rohstoff: Damit baut man Häuser und Möbel und stellt Papier her. Außerdem kann man dort, wo früher Bäume standen, Städte errichten oder Vieh weiden. Aber das schadet unserem Planeten. Jeden Tag werden große Waldstücke abgeholzt.

Hyperion

Die höchsten Bäume der Welt sind die Mammutbäume, die in den Wäldern Nordamerikas wachsen. Ein Küstenmammutbaum mit dem Namen „Hyperion" ist höher als 116 Meter und damit größer als die Freiheitsstatue in New York (93 m).

Auf dem Bauernhof

Um Honig aus einem Bienenstock zu ernten, muss der Imker sich mit einem Anzug schützen, der den ganzen Körper bedeckt. So kann man nicht gestochen werden.

Ein großer Teil der Nahrung, die auf unseren Tisch kommt, stammt vom Land. Moderne Bauernhöfe sehen aber nicht mehr so aus, wie die Höfe von früher, als die Bauern ihre Felder bepflanzten und zugleich im Stall Tiere hielten. Heute spezialisieren sich Bauern entweder auf Feldfrüchte, die sie auf großen Äckern anbauen, oder auf die Tierzucht.

Statt Arbeitstieren benutzt man heute Landmaschinen, wie diesen Traktor mit Pflug.

Manche Höfe haben sich auf den Anbau von Nahrungsmitteln mit natürlichem Dünger spezialisiert. Diese Methode nennt man ökologischer oder Bio-Landbau. Beim Bio-Anbau möchte man die Natur schützen und die Artenvielfalt bewahren. Es wird auch kein gentechnisch verändertes Saatgut verwendet.

Auf vielen Höfen wird auch Obst angebaut. Die Bäume lässt man nur so hoch wachsen, dass man die reifen Früchte noch leicht ernten kann.

Bevor auf einem Feld gesät wird, wird der Boden gepflügt. Dann werden die Erdbrocken zerkleinert, damit sie Dünger und Wasser besser aufnehmen können.

Auf Bauernhöfen im Flachland werden vor allem Weizen, Gerste, Hafer und Kartoffeln angebaut. Wo es besonders viel Wasser gibt, wachsen die Gemüsesorten, die wir essen. Im Gebirge kann der Boden weniger Pflanzen ernähren. Dort wird Vieh gezüchtet. Milchprodukte kommen aus Gegenden, wo die Wiesen fruchtbar und grün sind.

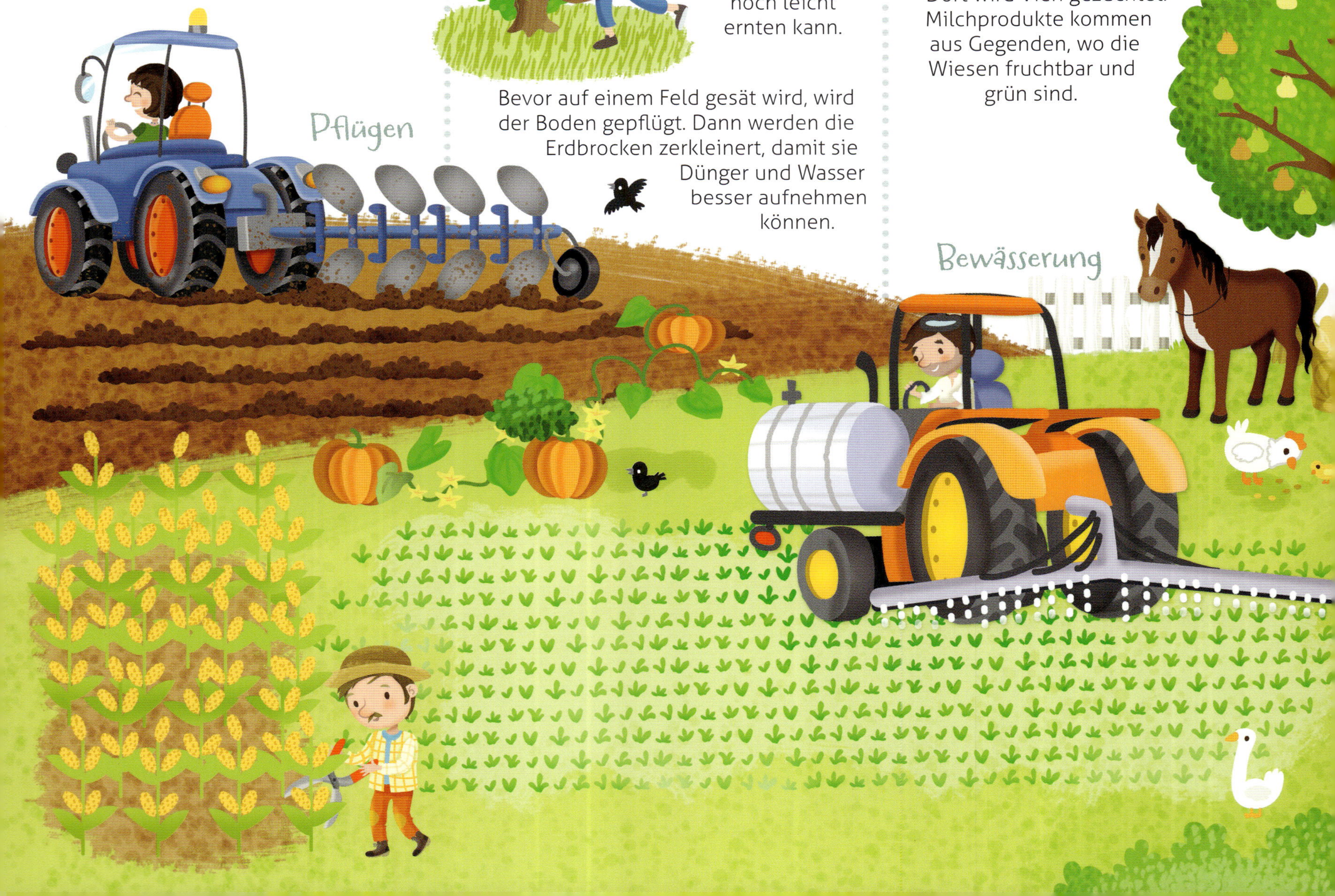

Eine Ernährung mit viel Obst und Gemüse liefert uns wertvolle Vitamine und Mineralstoffe. So bleiben wir leichter gesund, weil wir gute Abwehrkräfte haben.

Jeden Tag sollte man mehrere Portionen Obst und Gemüse essen.

Getreide wird mit einem Mähdrescher geerntet. Vorne werden die Halme abgemäht und ins Innere transportiert, wo sich eine große Trommel dreht. Sie trennt das Korn von den Pflanzenresten, dann wird es in einem Behälter aufgefangen.

Blumen und Blüten

Die Blüte ist das Vermehrungsorgan der Pflanzen. Hier findet die Befruchtung statt, und die Samen für neue Pflanzen entstehen. Aber das ist noch nicht alles, denn die Natur hat zahllose Arten mit wunderbaren Formen, leuchtenden Farben und intensivem Duft hervorgebracht. Mit all dieser Schönheit sollen Blüten Insekten und andere Tiere anlocken, die sie bestäuben.

Die größten Blumen der Welt sind die Rafflesien, die im Regenwald von Indonesien wachsen. Sie haben einen Durchmesser von einem Meter und verbreiten einen unangenehmen Geruch, der vor allem Fliegen anlocken soll.

Für die Pflanze sind Blüten sehr wichtig, denn in ihrer Mitte sitzt der flaschenförmige Griffel, aus dem eine Frucht entsteht. Die Staubblätter bestehen aus einem feinen Faden, an dessen Spitze ein Staubbeutel mit Pollen sitzt.

Bienen sammeln im Frühling und Sommer Nektar und bestäuben dabei die Blüten. Wenn es kälter wird, bleiben sie im Bienenstock.

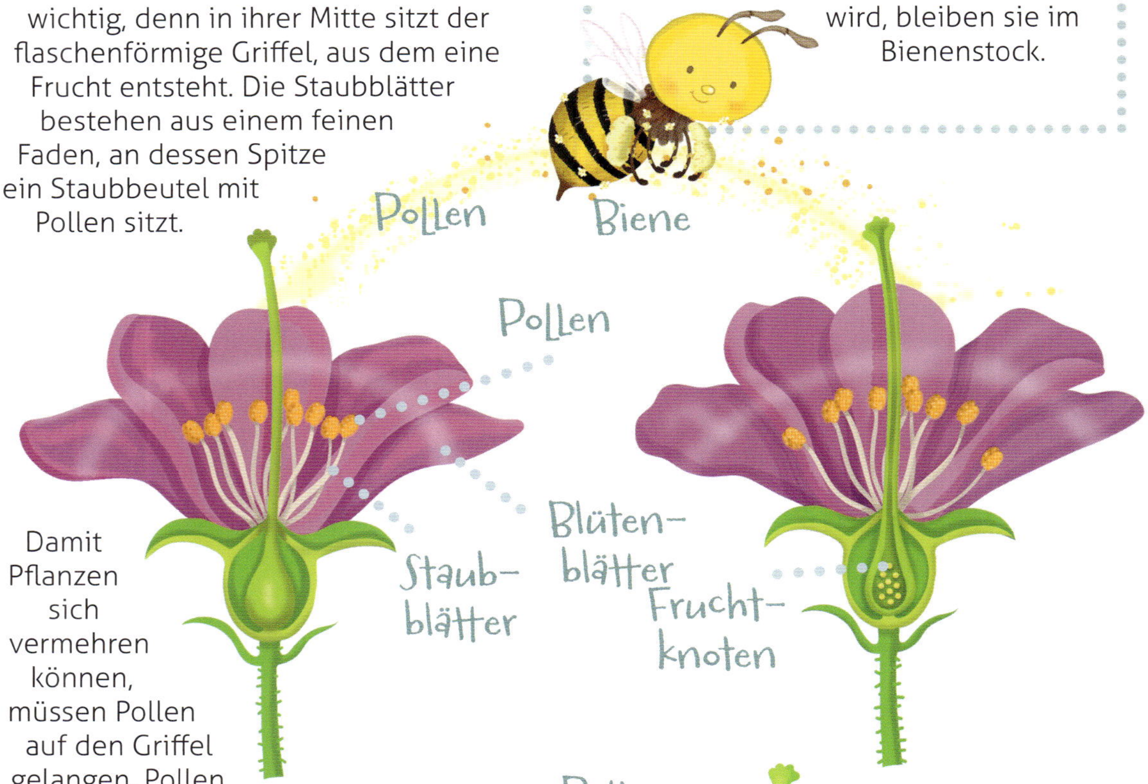

Damit Pflanzen sich vermehren können, müssen Pollen auf den Griffel gelangen. Pollen können vom Wind verbreitet werden oder von kleinen Insekten wie Bienen. Wenn sie in die Blüte kriechen, um Nektar zu trinken, bleiben Pollen an ihnen hängen.

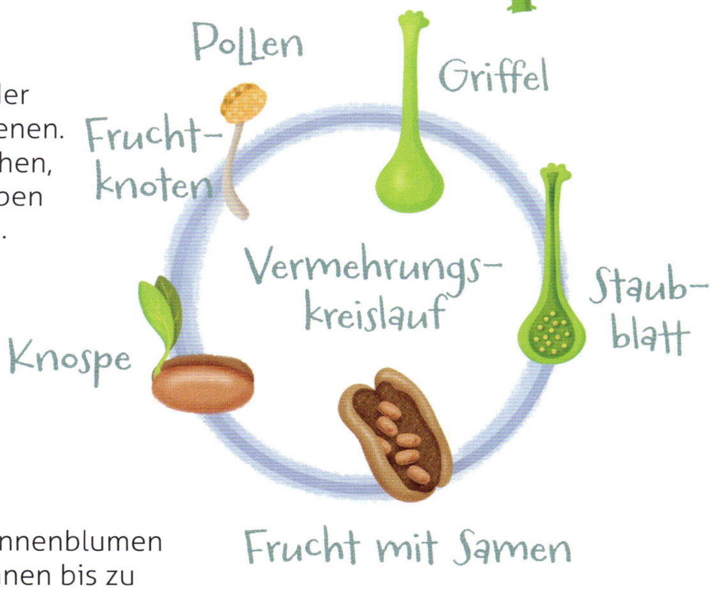

Sonnenblumen können bis zu zwei Meter groß werden. Wenn sie reifen, entstehen Kerne, die viel Pflanzenöl enthalten.

Lavendel
Veilchen
Hortensie
Rose
Krokusse
Klee
Kornblume
Mimose
Stief-
mütterchen
Seerose
Mohn
Vergiss-
meinnicht
Orchidee
Anemone
Löwenmäulchen
Mai-
glöckchen
Flieder
Primel
Osterglocken

Der Wasserkreislauf

Die Sonne erwärmt das Wasser der Meere und Flüsse, sodass es verdampft. Auch Pflanzen geben Wasserdampf ab.

Der Wasserdampf steigt auf und bildet Tröpfchen, die sich zu Wolken verdichten. Diese werden vom Wind weitergetrieben.

Wasser steht in der Natur selten still, es folgt einem ewigen Kreislauf. Es steigt zum Himmel auf und fällt wieder zur Erde herab. Auf der Erde wäre kein Leben mehr möglich, wenn es kein Wasser gäbe. Deshalb ist es ein wertvolles Gut, das man nicht verschwenden oder verschmutzen darf.

Durch die Flüsse gelangt das Wasser zurück in die Ozeane. Dort beginnt der Kreislauf von Neuem. Auf seinem Weg ins Meer hat es den Durst von Menschen, Tieren und Pflanzen gestillt.

Werden die Wassertröpfchen zu schwer, regnen sie wieder zu Boden.

Wenn es regnet, gelangt das Wasser in Flüsse, Seen und Meere. Ein Teil fällt auf den Boden, wo es versickert. Es sammelt sich in der Tiefe.

Aus den Wolken kann es regnen, schneien oder hageln. Hagel besteht aus kleinen Eisklümpchen.

An manchen Orten wird Wasser als Schnee oder Eis gespeichert. Gletscher, die man in vielen Hochgebirgen findet, sind riesige Schnee- und Eis-Speicher.
Wenn es wärmer wird, taut das Gletschereis, und das Wasser strömt hinab in die Flüsse.

Vulkane

Vulkane entstehen, wenn die Erdkruste aufbricht und Magma daraus emporsteigt. Magma entsteht im Erdmantel aus Gestein, das dort aufgrund der großen Hitze schmilzt.

Welcher Vulkantyp entsteht, hängt von der Beschaffenheit des Magmas ab und davon, wie es sich seinen Weg durch die Erdkruste bahnt.

Dringt es durch einen langen, schmalen Riss, dann breitet sich das geschmolzene Gestein in der Breite aus und bildet einen Bergrücken.

Bahnt es sich aber seinen Weg durch einen senkrechten Schlot, bricht die Kruste kreisförmig auf, und es entsteht ein Krater.

Das Magma steigt durch den Schlot bis in den Krater und türmt sich dann zu einem Berg auf. So wächst der eigentliche Vulkan heran.

Der höchste Vulkan der Welt ist der Mauna Kea auf den Hawaii-Inseln.

Vulkanologen erforschen, woraus das Magma besteht, wie aktiv die Vulkane sind und in welchem Rhythmus sie ausbrechen. So versuchen sie zu verstehen, wie und wann es zum nächsten Ausbruch kommen wird.

Die Vulkane auf Hawaii haben sehr dünnflüssige Lava.

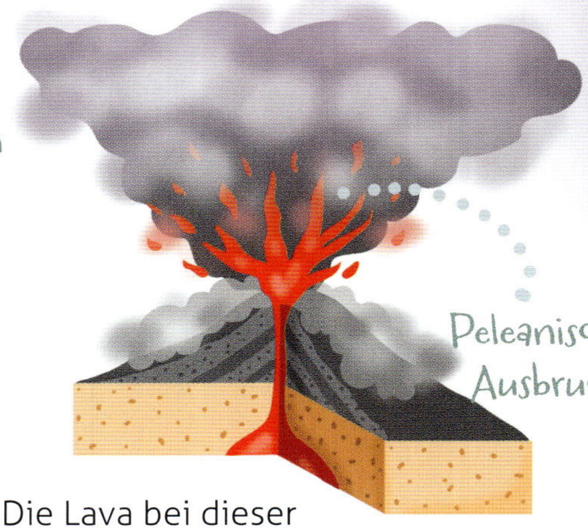

Die Lava bei dieser Ausbruchsart ist sehr zäh.

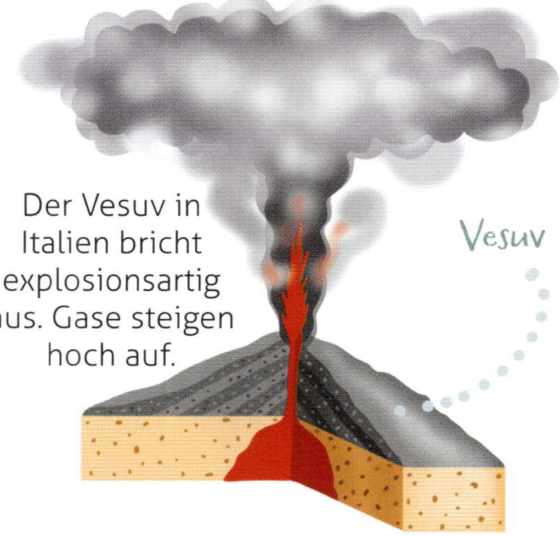

Der Vesuv in Italien bricht explosionsartig aus. Gase steigen hoch auf.

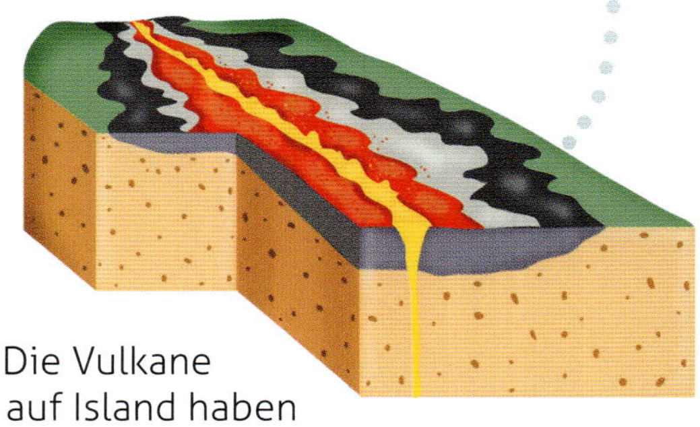

Die Vulkane auf Island haben sehr dünnflüssige Lava. Sie wachsen in die Breite.

Ein Ausbruch dieser Art besteht aus mehreren kurzen Explosionen.

Vulkane auf dem Meeresgrund bemerken wir kaum. Wenn sie aktiv werden, entsteht manchmal mitten im Meer in kurzer Zeit eine neue Insel.

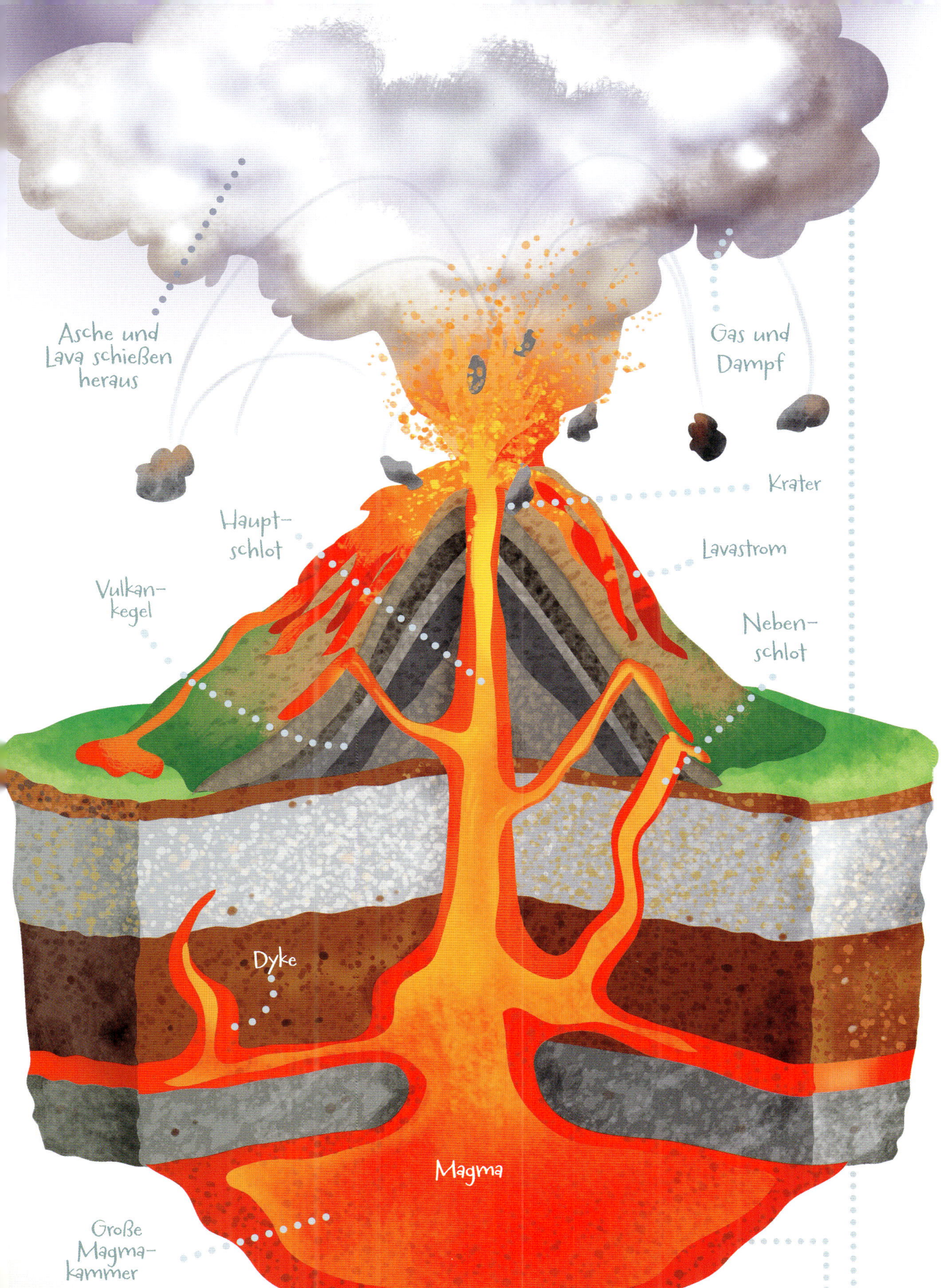

Bei manchen Vulkanausbrüchen wird so viel Asche in die Luft geschleudert, dass keine Flugzeuge mehr fliegen können. Sie bleiben am Boden, bis der Himmel wieder klar ist.

Manche Vulkane bleiben lange inaktiv, manchmal für Hunderte von Jahren. Wacht ein solcher schlafender Vulkan auf, kommt es zu einem gewaltigen Ausbruch.

Kuppelförmiger Vulkankegel

Vulkan mit eingestürztem Krater (Caldera)

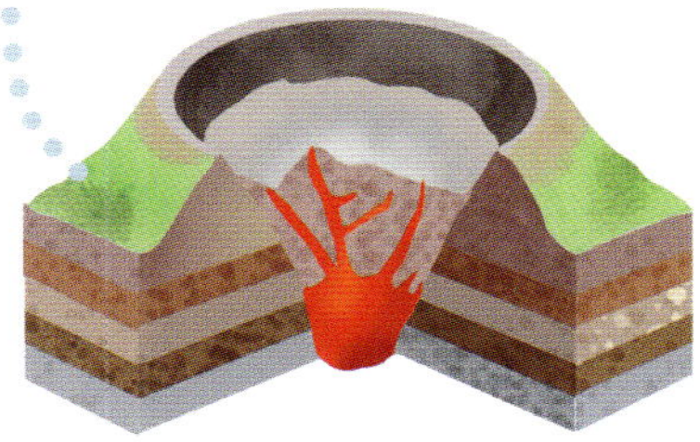

Schichtvulkan

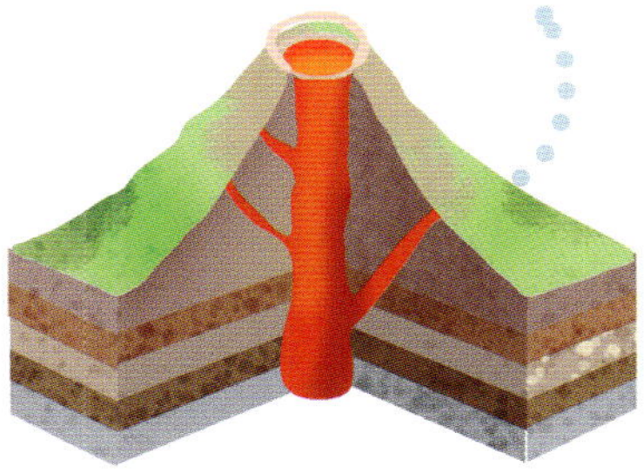

Schildvulkan

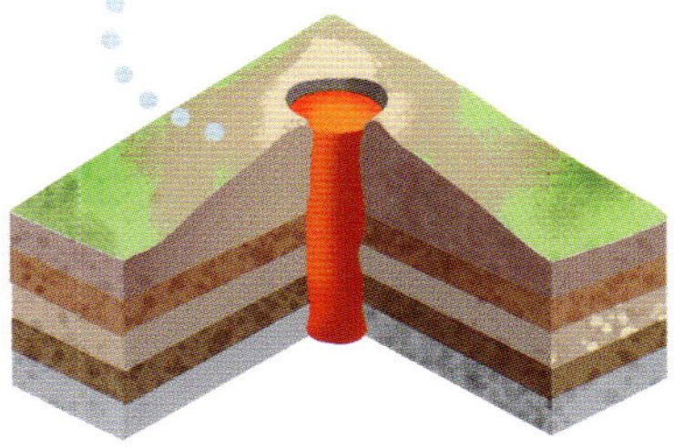

Spaltenvulkan

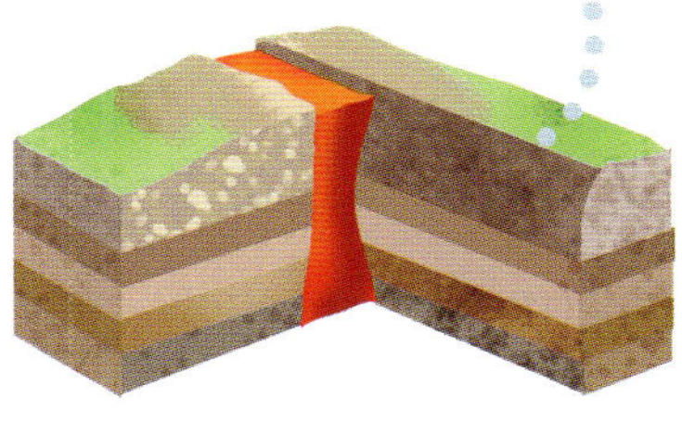

Aschekegel

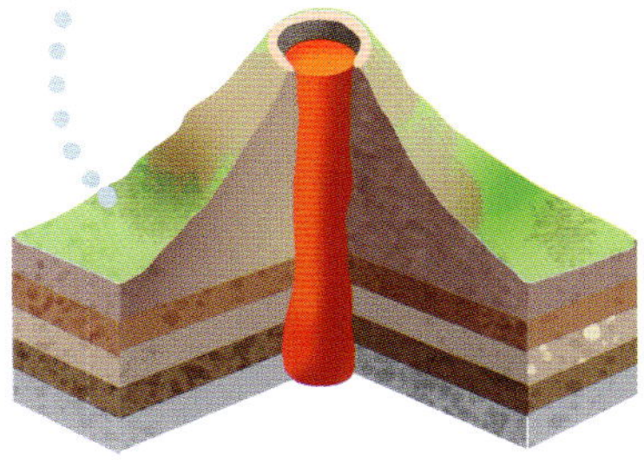

Geologie

Die Gestalt der Erdkruste wird durch die Naturgewalten ganz langsam immer neu geformt.

Tropfsteinhöhle

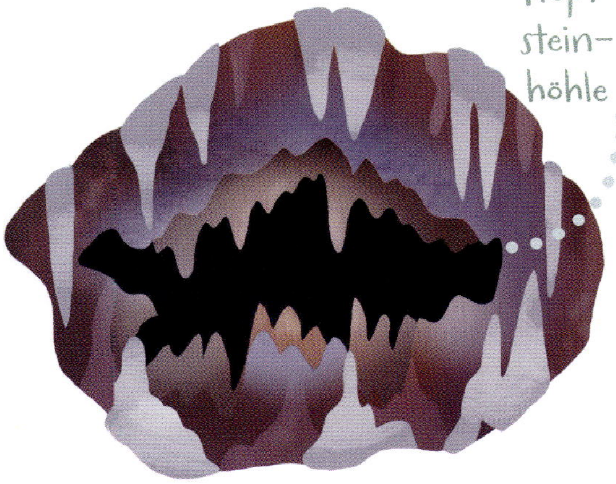

Wenn säurehaltiges Regenwasser in Felsspalten sickert, wäscht es tiefe Höhlen in vielfältigen Formen ins Gestein. Höhlenforscher klettern hinein und erkunden sie.

Durch die Arbeit des Wassers und den Kalk, der in ihm gelöst ist, entstehen faszinierende Tropfsteinhöhlen.

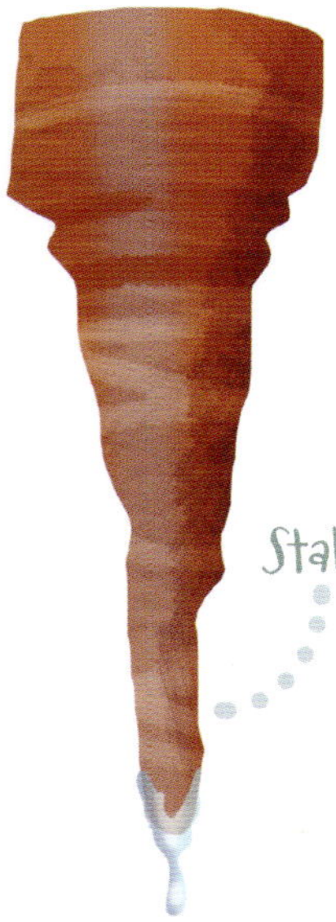

Stalaktit

Das ständige Herabtropfen von kalkhaltigem Wasser bildet Stalaktiten und Stalagmiten.

Die hängenden Tropfsteine nennt man Stalaktiten, diejenigen, die in die Höhe wachsen, heißen Stalagmiten.

Stalagmit

Wenn Regenwasser unter der Erde auf Felsschichten trifft, gräbt es nach und nach tiefe Höhlen hinein. Flüsse verschwinden unter der Erde und kommen nach vielen Kilometern wieder ans Tageslicht, so wie in dem Bild auf dieser Seite.

Felssäule

Durch die Erosion von Felsen können spektakuläre Gebilde entstehen. Dabei schleifen Wind und Wasser die Klippen an der Küste ab. Solche Wunder der Natur entstehen innerhalb von Millionen von Jahren.

Fossil eines Tyrannosaurus

Paläontologen suchen in Felsen und im Boden nach Spuren aus der Urzeit.

Fossil eines Ichthyosauriers

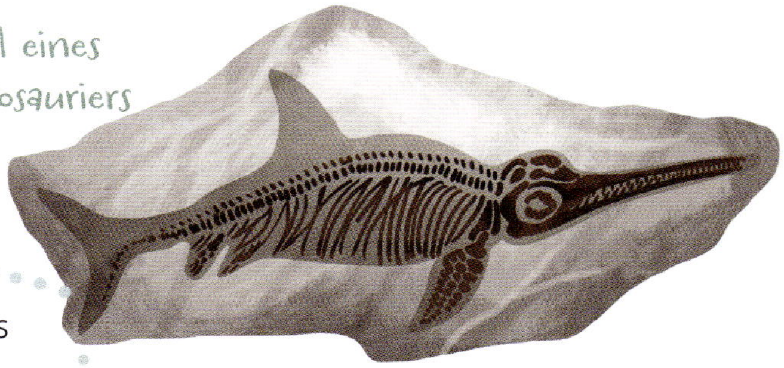

Fossilien sind Überreste von Pflanzen und Tieren, die in der Urzeit lebten. Als Versteinerungen im Inneren von Felsen haben sie sich bis heute erhalten. Wenn man Gestein zerschlägt, kann man Fossilien finden.

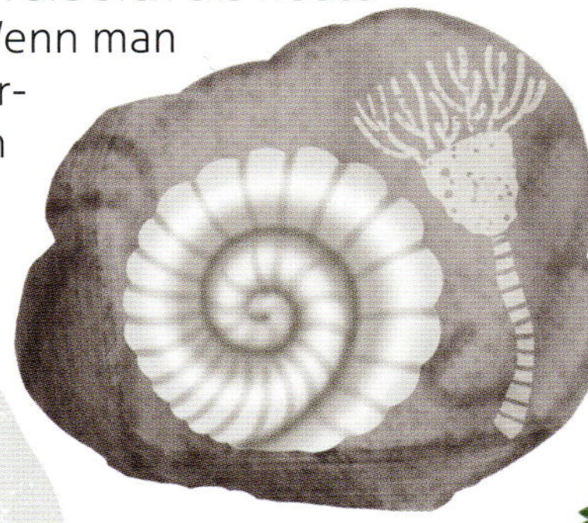

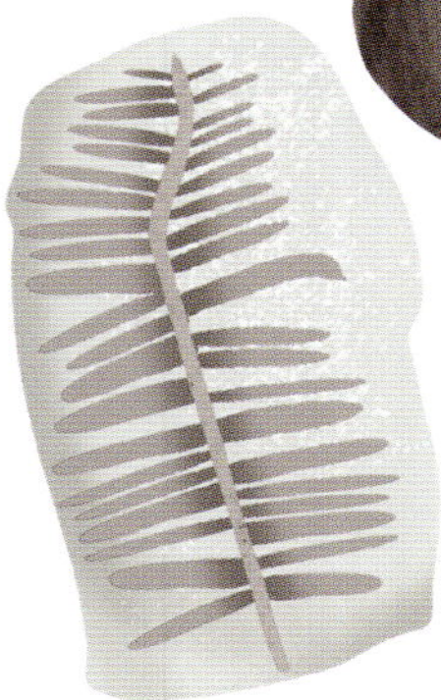

Fossilien von Pflanzen und einem Ammoniten

Sie entstehen, wenn z. B. ein solches Weichtier von Sand oder etwas Ähnlichem bedeckt wird. Mit der Zeit werden diese Ablagerungen zu Stein.

Alle Gesteine der ganzen Welt sind aus Mineralien zusammengesetzt. Man kennt heute mehr als 4000 Mineralien. Manche sind sehr häufig, andere sind selten und wertvoll.

Dinosaurier

Dinosaurier, die größten pflanzen- oder fleischfressenden Tiere, die es je gegeben hat, lebten im Mesozoikum: einer Zeit vor 245 bis 65 Millionen Jahren. Diese Reptilien beherrschten das Land und eroberten auch das Meer und den Himmel. Am Ende der Kreidezeit verschwanden sie alle urplötzlich. Sie starben aus.

Manche Dinosaurier waren gepanzert, um sich gegen Raubtiere zu verteidigen. Einige Körperteile waren echte Verteidigungswaffen. Es gab Saurier mit langen Hörnern, andere benutzten den Schwanz wie eine Keule oder Peitsche. Wieder andere waren durch Knochenplatten oder Stacheln geschützt.

Manche Saurier fraßen Fleisch. Der bekannteste ist sicher der Tyrannosaurus Rex (T-Rex). Er griff seine Beute mit schnellen, langen Schritten an und streckte dabei den Schwanz aus, um das Gleichgewicht zu halten. Bei seiner Größe ist es wahrscheinlich, dass er sich nicht auf eine lange Verfolgungsjagd einließ, sondern sich hinter dichten Pflanzen versteckte und dann aus dem Hinterhalt angriff.

Die größten Pflanzenfresser erreichten eindrucksvolle Maße. Manche wurden 80–100 Tonnen schwer und 20 Meter groß. Das ist so hoch wie ein siebenstöckiges Hochhaus.

Die Dinosaurier legten Eier und gruben als Nest ein Loch in den Boden. Die Eier bedeckten sie mit Erde und Blättern, um sie vor Eier-fressenden Sauriern zu schützen.

Die ersten Reptilien, die zu fliegen versuchten, waren recht klein und schwebten im Gleitflug von Ast zu Ast. Einige Millionen Jahre später, im Zeitalter der Trias, konnten die ersten Flugsaurier mit echten Flügeln schlagen und sich so in der Luft halten. Diese frühen Flugreptilien hatten einen langen, dünnen Schwanz. Sie wurden aber nicht so riesig, wie die Kurzschwanz-Flugsaurier, die später fast 150 Millionen Jahre lang den Himmel beherrschten.

Die meisten fliegenden Reptilien hatten scharfe Zähne, mit denen sie auch Fische fingen. Dazu flogen sie dicht über das Wasser hinweg.

Fahrzeuge

In alten Texten erfährt man, dass die Schubkarre mit nur einem Rad im Jahr 231 vor Christus in China erfunden wurde.

Als die Menschen das Rad erfanden (ca. 3500 vor Christus), veränderte das die ganze Welt der Fortbewegung. Schon bald wurden die ersten Wagen gebaut, die man zum Transport und im Krieg einsetzte.

In der Antike ließen sich viele reiche Leute in einer Sänfte tragen.

Die ersten Bahnen, die auf Schienen durch die Städte fuhren, wurden von Pferden gezogen. Als diese durch Motoren ersetzt wurden, sah die Bahn gleich ganz anders aus.

Das Modell T von Ford war 1908 das erste Auto, das am Fließband zusammengebaut wurde. Weil es so billig war, wurden sehr viele Exemplare verkauft.

In den frühen 1930er-Jahren waren Cabrios mit offenem Dach der letzte Schrei.

Ende des 19. Jahrhunderts gab es in Frankreich die ersten Beiwagen, die an ein Motorrad gehängt werden konnten.

Die Karosserie dieses Autos von 1955 mit neuartiger Ästhetik konnte je nach Straßenart angehoben oder abgesenkt werden.

Dieser Sportwagen aus den frühen 1960er-Jahren war ein großer Erfolg. Mit seinem 12-Zylinder-Motor gilt er als eines der besten Autos aller Zeiten.

Der Mini kam 1959 auf dem Markt und war gut für den Stadtverkehr geeignet, weil er so klein war. Zuerst verkaufte er sich nicht so gut, da er so eine neuartige Form hatte, doch er wurde zu einem bis heute äußerst beliebten Auto.

Solche Kutschen, die von hinten gelenkt wurden, waren als eine Art Taxi sehr beliebt, weil sie im Stadtverkehr schnell und wendig waren.

Bereits Anfang des 19. Jahrhunderts gab es Kutschen für den öffentlichen Verkehr, die man „Omnibus" nannte.

Das goldene Zeitalter der Kutschen war das 18. Jahrhundert. Die luxuriösesten Ausführungen waren sehr komfortabel und hatten elegante Verzierungen nach dem Geschmack der Zeit.

Die Kutschen des 19. Jahrhunderts waren weniger auffällig als die früheren, aber dafür praktischer.

Damit sich Elektroautos noch weiter verbreiten, müssen zuerst mehr Stationen gebaut werden, wo man ihre Batterien aufladen kann.

Die ersten Roller mit Motor gab es schon Anfang des 20. Jahrhunderts. In letzter Zeit hat sich der elektrische Roller zu einem praktischen Stadtfahrzeug entwickelt – genauso wie Fahrräder mit E-Motor.

E-Autos werden in naher Zukunft immer gefragter sein. Ihre Batterien werden leistungsfähiger und es wird leichter sein, sie zu laden.

Schiffe

Die Menschen begannen vor Tausenden von Jahren, Flüsse und Meere zu befahren. Die ersten Boote waren Baumstämme, die man mit Steinwerkzeugen aushöhlte. Mit der Zeit lernten unsere Vorfahren, den Stamm so zu formen, dass das Paddeln leichter wurde.

Die Ägypter befuhren den Nil mit ganz verschiedenen Booten. In der Nähe der Pyramiden hat man sogar eines gefunden, auf dem wohl die Mumie eines Pharaos transportiert wurde.

Vor 2500 Jahren beherrschten die Griechen mit ihren Schiffen das Mittelmeer. Manche ihrer Kriegsschiffe, die Trieren, hatten drei Reihen Ruder übereinander.

Christoph Kolumbus erreichte Amerika 1492 mit drei Schiffen: zwei Karavellen und dem alten Frachtschiff Santa Maria.

Galeonen waren mächtige Segler, die im 16. und 17. Jahrhundert als Kriegs- und Transportschiffe genutzt wurden. Sie waren über 40 Meter lang und verfügten über zahlreiche kleine und große Kanonen.

Zu Beginn des 20. Jahrhunderts überquerten die ersten Linienschiffe den Atlantik. Die riesigen Dampfer brachten Passagiere von Europa nach Amerika und zurück. Dank ihrer starken Dampfmaschinen und ihres schlanken Bugs kamen sie auch bei stürmischer See gut voran.

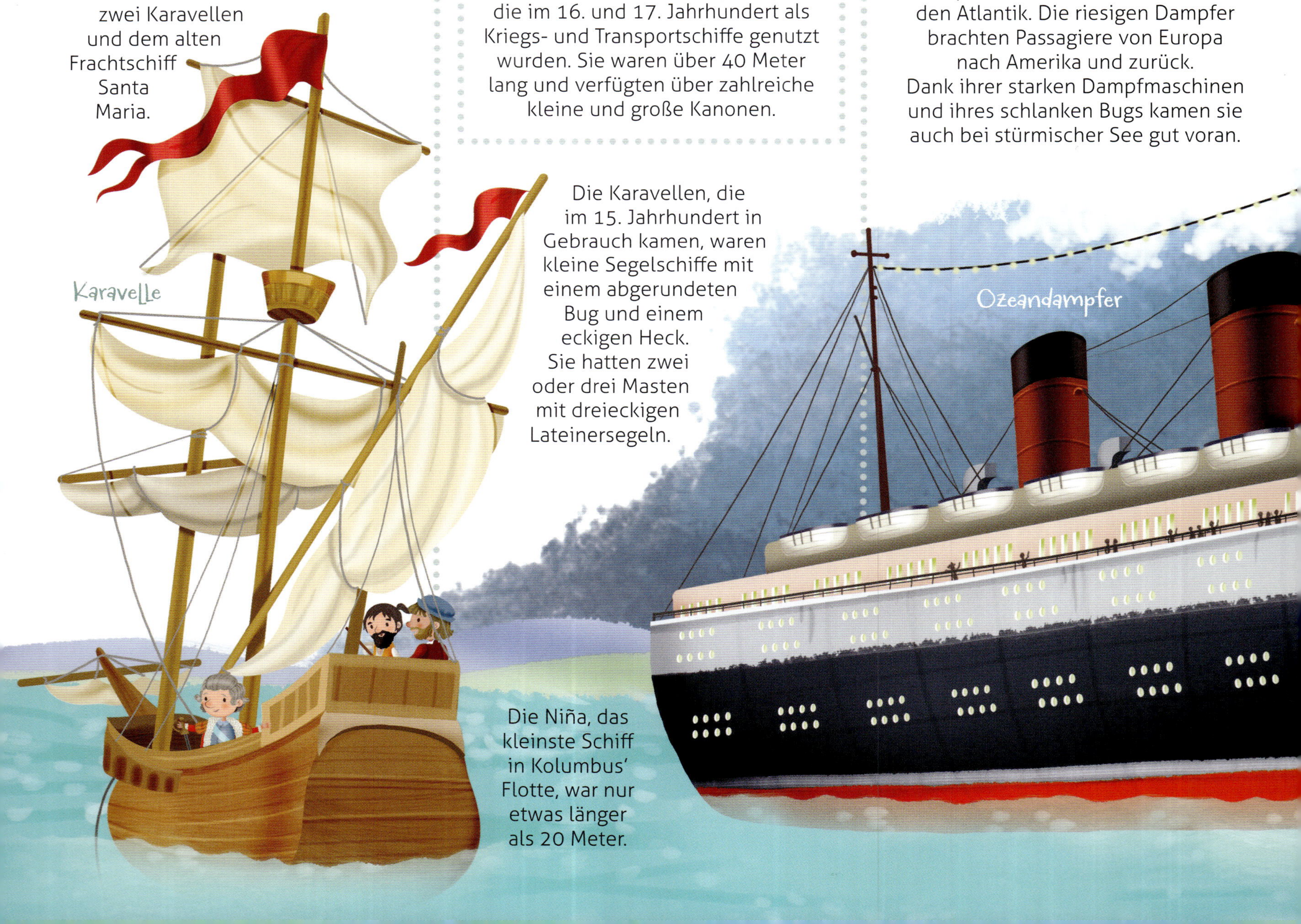

Die Karavellen, die im 15. Jahrhundert in Gebrauch kamen, waren kleine Segelschiffe mit einem abgerundeten Bug und einem eckigen Heck. Sie hatten zwei oder drei Masten mit dreieckigen Lateinersegeln.

Die Niña, das kleinste Schiff in Kolumbus' Flotte, war nur etwas länger als 20 Meter.

Die Wikinger befuhren das Meer auf Langschiffen.

Die Kriegsschiffe der Wikinger waren lang und schmal gebaut. Sie waren schnell und wendig – ob sie von Ruderern angetrieben wurden oder segelten.

Die Titanic, einer der berühmtesten Ozeandampfer, sank 1912 auf ihrer ersten Reise. Mehr als tausend Menschen verloren ihr Leben.

Ozeandampfer waren eigentlich schwimmende Städte. Abhängig davon, in welcher Klasse die Passagiere reisten, verfügten sie über unterschiedlichen Komfort. In der ersten Klasse lebte man in demselben Luxus wie in einem der großen Hotels jener Zeit: Es gab Restaurants, ein Schwimmbad, Tanzsäle und Geschäfte. In der dritten Klasse war man in engen Kabinen untergebracht.

Die ersten Flugmaschinen

Die erste „Besatzung“ der Brüder Montgolfier bestand aus einem Hahn, einem Schaf und einer Gans. An ihnen wurde getestet, welche Auswirkungen das Fliegen haben konnte.

Die Brüder Joseph und Etienne Montgolfier sind berühmt für ihre Erfindung des Heißluftballons. Weil warme Luft nach oben steigt, hebt sich der Ballon, sobald er damit gefüllt wird.

Nach einem ersten Test im Jahr 1783 brachten die Brüder ihren Ballon zum Palast von Versailles, wo König Ludwig XVI. und mehr als 100.000 begeisterte Zuschauer ihn fliegen sahen. Der Ballon flog etwa acht Minuten lang, stieg bis auf 500 Meter und legte drei Kilometer zurück. Bei diesem ersten Flug war niemand an Bord, weil man noch nicht wusste, welche Wirkung große Höhen auf den Körper des Menschen haben würden. Das Publikum war verblüfft.

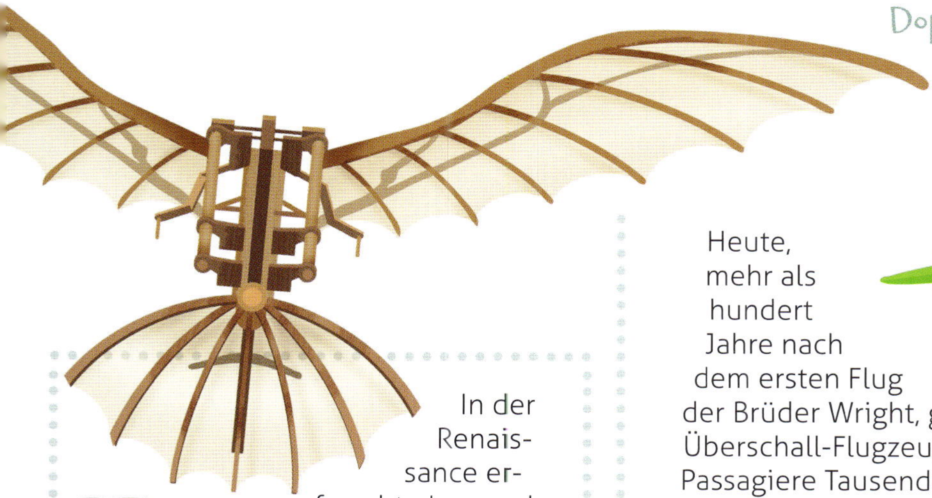

In der Renaissance erforschte Leonardo da Vinci (1452–1519) mit großer Hingabe das Fliegen. Er beobachtete Vögel und baute nach ihrem Vorbild Flugmaschinen für Menschen. Obwohl seine vielen beweglichen und festen Flügel nicht funktionierten, gilt das „Universalgenie" Leonardo heute als Begründer des Fliegens.

Doppeldecker

Heute, mehr als hundert Jahre nach dem ersten Flug der Brüder Wright, gibt es Überschall-Flugzeuge, die Hunderte Passagiere Tausende von Kilometern weit transportieren. Das Flugzeug ist das schnellste Verkehrsmittel für Menschen und Waren, und jeden Tag fliegen Millionen Passagiere auf bequemen Sitzplätzen in alle Ecken der Welt.

Auch nach dem Flyer wurden sehr leichte Flugzeuge mit zwei übereinanderliegenden Flügeln gebaut: die Doppeldecker. Sie waren sehr wendig und bis zum Beginn des Zweiten Weltkriegs weit verbreitet.

Die Boeing 247, das erste zweimotorige Flugzeug

In den Dünen bei dem Ort Kitty Hawk in den USA hob der Flyer für etwa eine Minute vom Boden ab und kam dabei 250 Meter weit. Er war aus Holz gebaut, mit Flügeln aus Leinwand, und wurde von einem 12-PS-Motor angetrieben.

Wilbur und Orville Wright gelten als die Väter des modernen Fliegens, denn sie bauten und flogen das erste funktionierende Fluggerät. Nach Drachen und Gleitern sowie einem einfachen Windkanal konstruierten sie den Vorläufer aller modernen Flugzeuge: den „Flyer".

Der Pilot flog im Liegen und konnte die Flughöhe des Flyers mit einem Hebel steuern.

Der Motor des „Flyer" wurde per Hand gebaut.

Die Brüder Wright

Flugzeuge & Flughäfen

In Flughäfen steht das Leben niemals still. Hunderte Menschen arbeiten pausenlos, damit alles funktioniert und Flugzeuge starten und landen können. Neben dem Flugpersonal arbeiten viele Leute an Check-in-Schaltern, bei den Sicherheitskontrollen sowie in Geschäften und Büros, sie machen sauber und warten die Flugzeuge.

Nach dem Sicherheits-Check betreten Passagiere den Wartebereich und gehen dann von den Gates zu den Flugzeugen.

Das Gepäck der Reisenden wird streng kontrolliert. Die sperrigen Koffer werden mit einem Strichcode gekennzeichnet und in den Frachtraum des Flugzeugs geschickt.

Ganz oben im Kontrollturm (Tower) überwachen Fluglotsen die Bewegung der Flugzeuge und sorgen für die Flugsicherheit. Von den Fenstern aus können sie die Landebahn ganz überschauen und Starts und Landungen beobachten. Zusätzlich benutzen sie dazu technische Geräte.

Zu jeder Zeit sind am Himmel der Erde fast 10.000 Flugzeuge unterwegs. Etwa alle zwei Sekunden hebt irgendwo auf der Welt, auf einem der etwa 9.000 Flughäfen, ein Flugzeug ab. Damit es nicht zu Unfällen und Zusammenstößen kommt, muss sich jeder Flieger an einen Plan halten, bei dem seine Flugroute und die Flughöhe genau festgelegt sind.

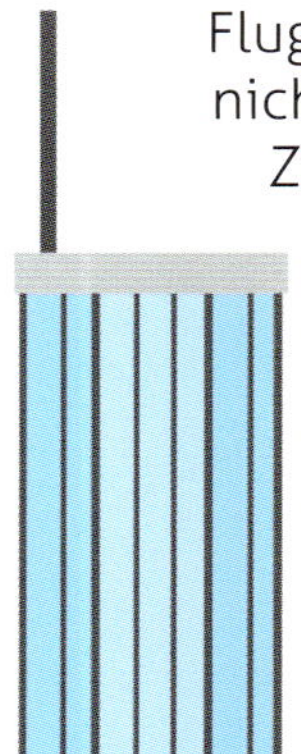

Vor jedem Flug werden alle Geräte und Motoren genau geprüft. Das Flugzeug wird von speziellen Wagen aufgetankt. Die Treibstofftanks liegen in den Tragflächen. Außerdem werden die Batterien ganz aufgeladen, damit während des Flugs immer genug Energie vorhanden ist. Die Kabinen für die Fluggäste und die Crew werden gereinigt, und die Bordküche wird neu bestückt.

In modernen Flugzeugen reisen Hunderte Passagiere. Die Start- und Landebahnen für diese riesigen Flugmaschinen müssen mindestens drei Kilometer lang und 70 Meter breit sein.

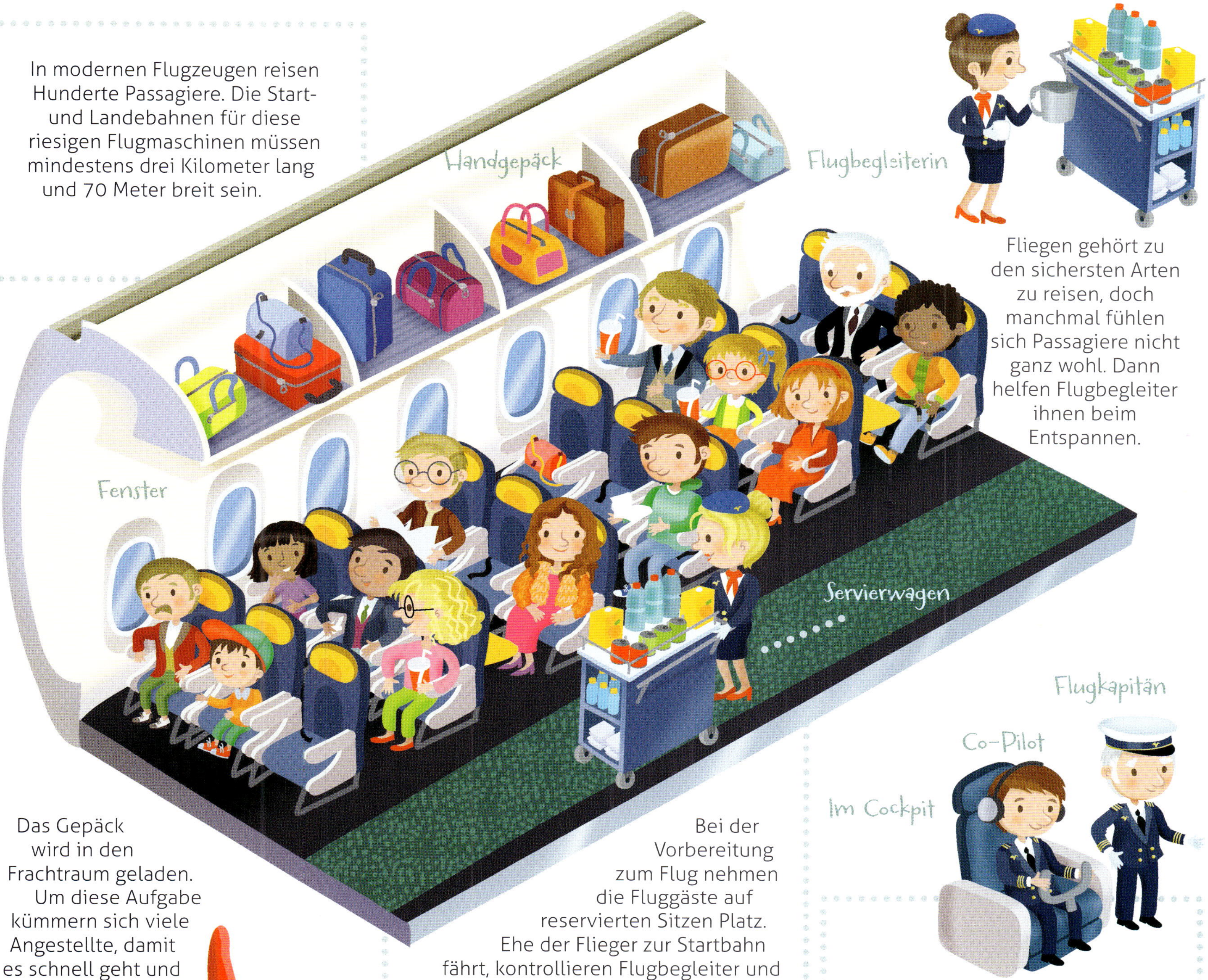

Fliegen gehört zu den sichersten Arten zu reisen, doch manchmal fühlen sich Passagiere nicht ganz wohl. Dann helfen Flugbegleiter ihnen beim Entspannen.

Das Gepäck wird in den Frachtraum geladen. Um diese Aufgabe kümmern sich viele Angestellte, damit es schnell geht und das Flugzeug nicht zu spät abhebt.

Bei der Vorbereitung zum Flug nehmen die Fluggäste auf reservierten Sitzen Platz. Ehe der Flieger zur Startbahn fährt, kontrollieren Flugbegleiter und -begleiterinnen, ob alle angeschnallt sind. Dann wird gezeigt, wie man die Sauerstoffmasken und die übrige Sicherheitsausstattung benutzt.

Im Cockpit

Etwa zehn Minuten vor dem Start überprüfen Kapitän und Co-Pilot zum letzten Mal die Geräte, die Wetterverhältnisse und ihre Flugroute.

Die Eisenbahn

Im Jahr 1801 baute Richard Trevithick eine Kutsche, die mit Dampf angetrieben wurde. Drei Jahre später konstruierte er eine Lokomotive mit demselben Antrieb.

1829 stellten George und Robert Stephenson „The Rocket" vor und nahmen am Rennen von Rainhill teil, bei dem die beste Lokomotive gefunden werden sollte.

Die „Rocket" war nicht die erste Lokomotive, sondern eine Verbesserung früherer Modelle. Sie legte die 90 Kilometer lange Rennstrecke zurück, ohne Schaden zu nehmen, und verbrauchte dabei nicht zu viel Kohle. Sie gewann zwar den Preis, wurde aber nie in Dienst gestellt. Die Strecke wurde ein Jahr später mit der Lok „Northumbrian" eingeweiht, die auch von den Stephensons stammte und einen moderneren und effektiveren Kessel besaß.

Bei einer Dampflok wird ein Wasserkessel mit Kohlen beheizt. So entsteht der Dampf, der nötig ist, um die Kolben zu bewegen, die mit den Rädern verbunden sind. In einem Wagen gleich hinter der Lokomotive, dem sogenannten Tender, wurde der Wasser- und Kohlevorrat transportiert.

Seit den 1930er Jahren wurden Diesellokomotiven gebaut, die die Luft weniger verschmutzten als Dampfloks und nicht mehr ständig mit Wasser und Kohle versorgt werden mussten. Eine der typischsten amerikanischen Dieselloks, die schwere Güterwagen ebenso zog wie elegante Passagierzüge, war die EMD F7 – hier in den Farben der Eisenbahngesellschaft Santa Fe. Diese Lokomotive mit ihrem unverwechselbaren Aussehen wurde mit unterschiedlich starken Motoren gebaut und fast 40 Jahre lang eingesetzt.

In der zweiten Hälfte des 19. Jahrhunderts entstanden die ersten Lokomotiven mit Elektroantrieb. Die ersten dieser Motoren waren sehr groß und wurden auf dem Fahrgestell der Lok montiert. Moderne Züge haben viel kräftigere Elektromotoren, die auf jedem Wagen des Zuges angebracht sind.

Heute kann man auf besonderen Zugreisen das erleben, was in den 1930er-Jahren nur den Glücklichsten vorbehalten war. Wenn man in den „Goldenen Adler" einsteigt, der auf der Linie Moskau-Wladiwostok unterwegs ist, kann man Luxus und fantastische Restaurants erleben – und dazu ziehen während der drei Tage dauernden Reise faszinierende Landschaften am Fenster vorbei.

Moderne Magnetschwebebahnen fahren dank der Kraft eines Magnetfelds, ohne dabei die Schiene zu berühren. So können sie große Geschwindigkeiten von bis zu 600 km/h erreichen.

Raumfahrt

Am 4. Oktober 1957 wurde Sputnik 1, der erste künstliche Satellit, von der Sowjetunion in eine Umlaufbahn um die Erde gebracht. So zeigten die Russen der Welt, wozu sie im Weltraum in der Lage waren.

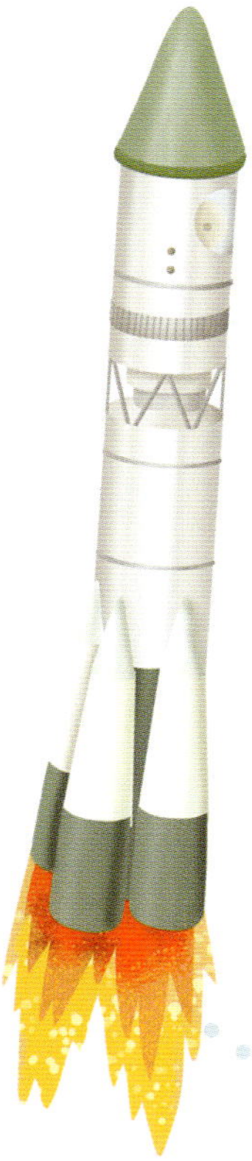

Es war der 12. April 1961, als Juri Gagarin im Raumschiff Wostok 1 zum Himmel aufstieg, das daraufhin die Erde umkreiste. So wurde er zur Legende. Einige Minuten nach dem Start meldete sich Gagarins Stimme bei der Bodenstation: „Die Erde ist blau ... wie wunderbar. Welche Schönheit."

Der erste Mann im All war der russische Kosmonaut Juri Gagarin. Drei Jahre später folgte auf ihn die Russin Walentina Tereschkowa als erste Frau im Weltraum.

Die Mission war erfolgreich, und die größte Herausforderung für den Kosmonauten war es, wieder heil zur Erde zurückzukehren.

Einen Monat nach dem Start von Sputnik 1 flog das erste Säugetier ins All. Die Russen schickten Sputnik 2 in eine Umlaufbahn. An Bord war die Hündin Laika.

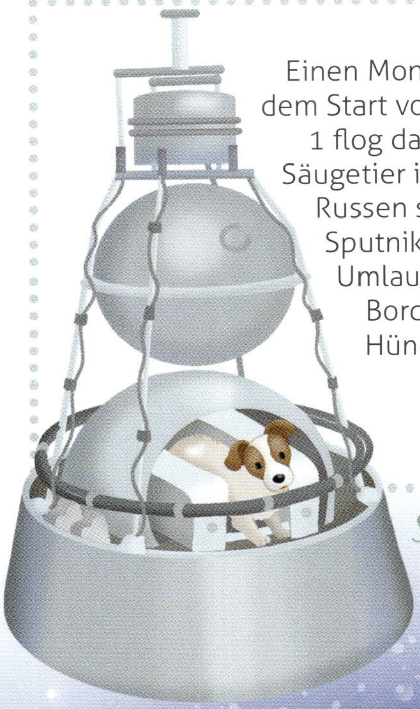

Bei der Rückkehr zur Erde hing die Raumkapsel an einem Fallschirm. Gagarin landete mitten in einem Feld, auf dem zwei erstaunte Bäuerinnen gerade Kartoffeln ernteten.

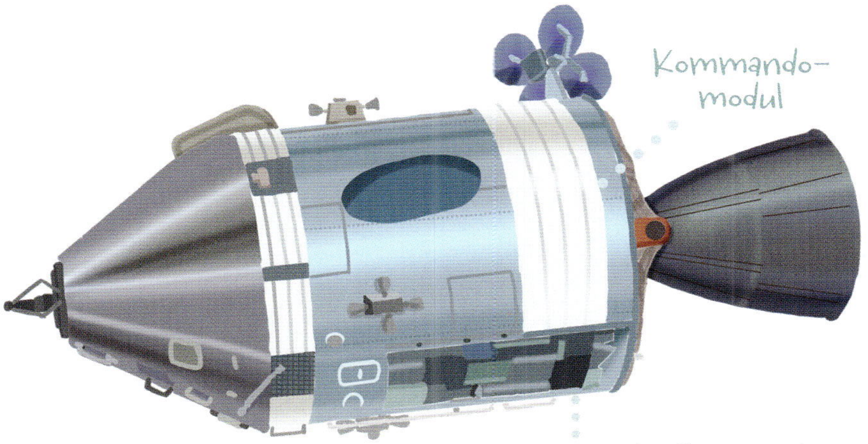

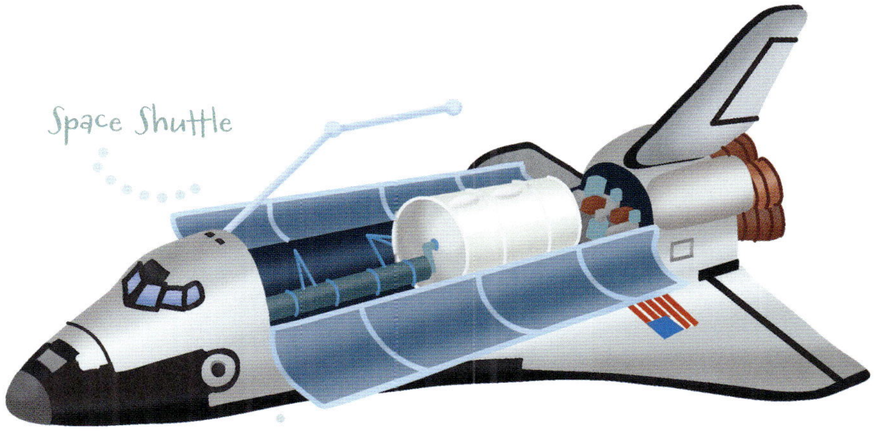

Am 16. Juli 1969 zündeten die Triebwerke einer 111 Meter hohen Saturn-V-Rakete. An ihrer Spitze saßen drei Astronauten in einem Raumschiff mit Mondlandefähre und Kommandomodul. Diese Apollo-11-Mission der Amerikaner brachte die ersten Menschen zum Mond. An Bord waren Neil Armstrong, Buzz Aldrin und Michael Collins, der aber nicht in der Landefähre war, sondern im Kommandomodul in der Umlaufbahn blieb. Der erste Mensch, der seinen Fuß auf den Mond setzte, war Kommandant Neil Armstrong.

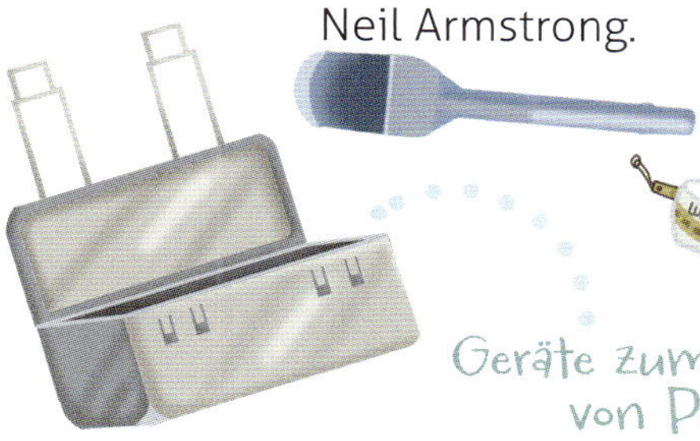

Als er die Leiter der Landefähre hinabstieg, sagte er: „Das ist ein kleiner Schritt für einen Menschen, aber ein riesiger Sprung für die Menschheit." Wenig später betrat auch Buzz Aldrin den Mond. Die beiden gingen etwa zwei Stunden umher und nahmen Dutzende Bodenproben zum Erforschen mit.

1981 schickten die USA das erste Space Shuttle ins All. Es konnte wie eine Rakete in den Weltraum geschossen werden und wie ein Flugzeug zurück zur Erde gleiten. Dadurch waren die Space Shuttles mehrmals verwendbar. Mehr als hundertmal starteten sie zu Weltraum-Missionen, dann wurden sie in den 2000er-Jahren außer Betrieb genommen.

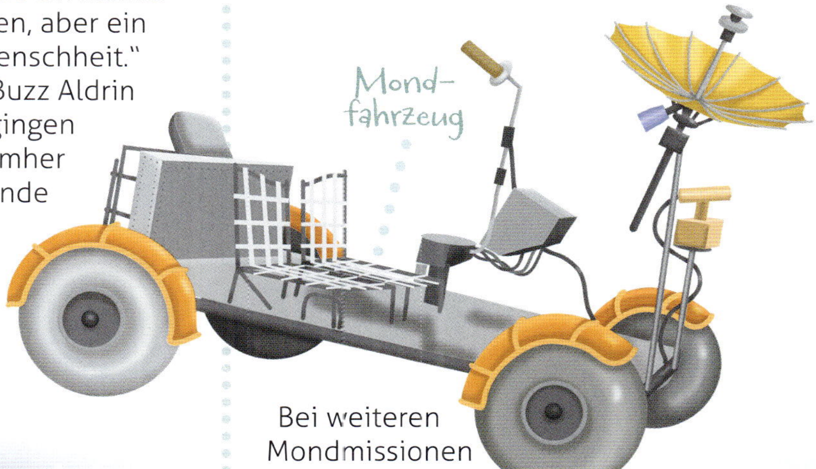

Bei weiteren Mondmissionen benutzten die Astronauten ein elektrisches Mondfahrzeug, einen Rover, der im Frachtraum der Mondlandefähre Platz fand.

Internationale Raumstation

Die Besatzung der Station hat zwei bis sechs Mitglieder, die etwa sechs Monate an Bord bleiben.

Auf der Station gibt es Labore für wissenschaftliche Experimente. Unter anderem wird erforscht, welche Wirkung ein langer Aufenthalt im Weltraum auf Menschen und Pflanzen hat.

Das Essen der Astronauten ist vor der Mission vorgekocht worden. Die Portionen sind in kleine Beutel eingeschweißt.

Weil auf der ISS alles in der Luft schwebt, werden die Beutel und das Besteck mit Klettverschlüssen auf Tabletts befestigt.

Die internationale Raumstation ISS wurde ab 1998 gebaut und ist ein gemeinsames Projekt der USA, Russlands, Kanadas, Japans und der Europäischen Weltraumorganisation.

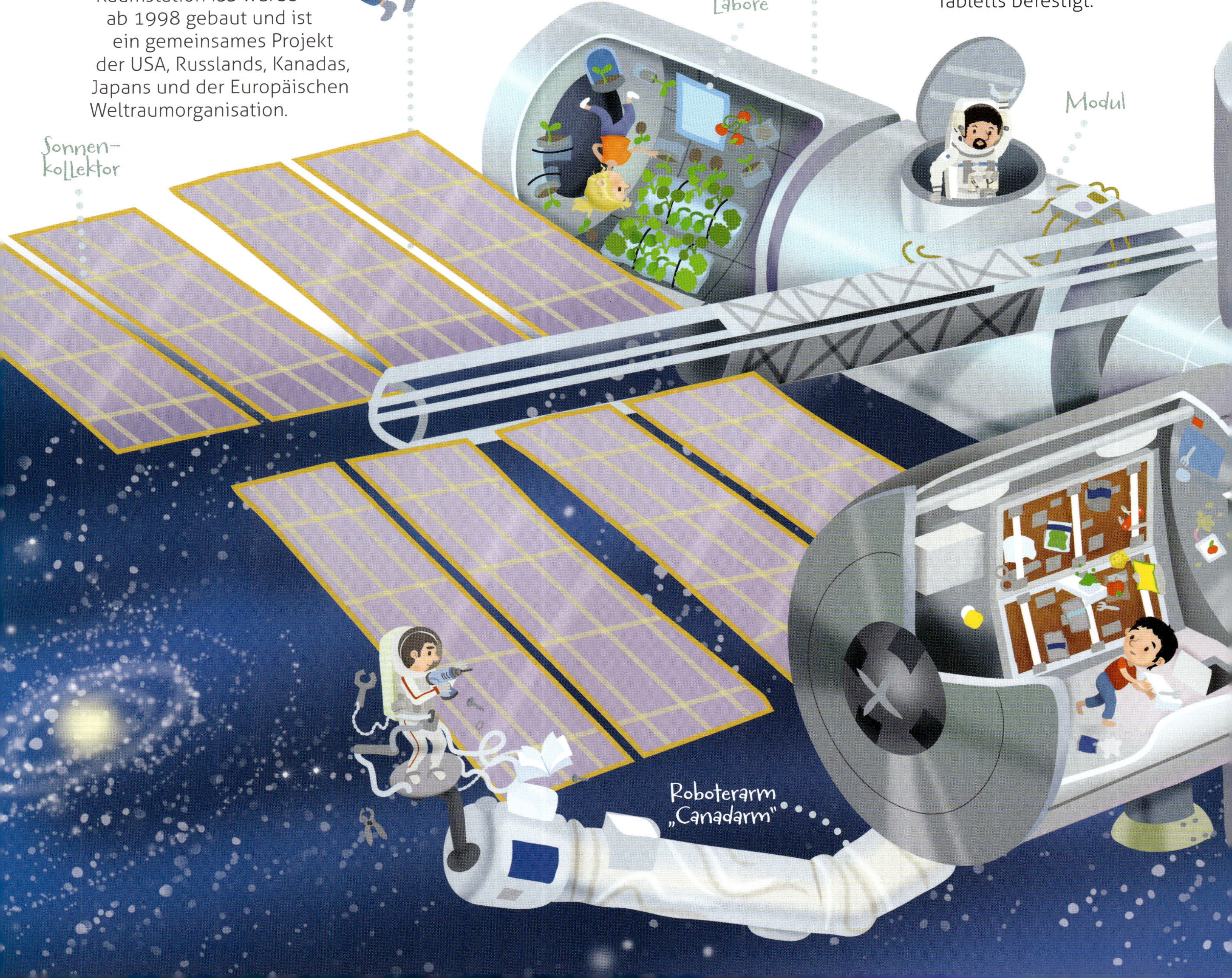

Besatzungsmitglieder, die länger auf der ISS bleiben, haben einen privaten Bereich mit ihrem Schlafsack, wo sie Musik hören und persönliche Dinge aufbewahren können.

Lange im Weltraum zu bleiben, wo keine Schwerkraft herrscht, schadet den Muskeln und Knochen. Die Astronauten halten sich mit Sport fit, zum Beispiel auf einem Heimtrainer-Fahrrad.

Die Sonnenkollektoren müssen hin und wieder repariert werden. Daher überprüft man sie regelmäßig.

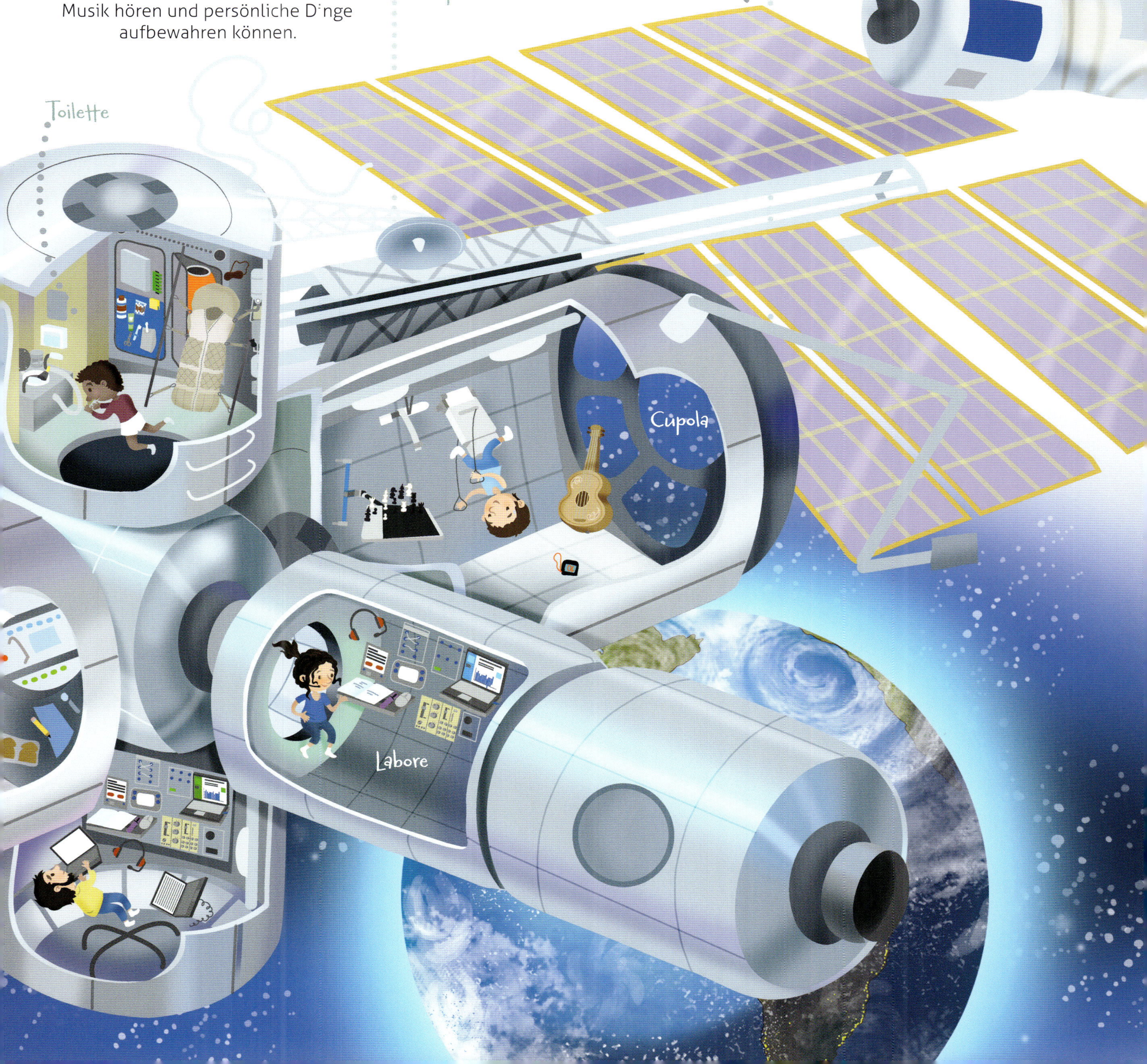

Besondere Gebäude

Der Kultur- und Wissenschaftspalast in Warschau gehört zu einem Bau-Projekt aus acht Hochhäusern. Die anderen stehen in Moskau. Als sie um 1950 gebaut wurden, waren sie die höchsten Gebäude Europas.

Der Burj Khalifa in Dubai, in den Vereinigten Arabischen Emiraten, ist seit 2008 das höchste Gebäude der Welt. Er ist 828 Meter hoch. Sein Grundriss hat die Form einer Blüte, und nach oben hin wird er immer schmaler. Nahe der Spitze ist er nur noch anderthalb Meter breit.

Das Bauhaus wurde von Walter Gropius als Gebäude aus drei getrennten Teilen geplant. Hinter der Fassade, die ganz aus Glas gestaltet ist, lagen die Unterrichtsräume der berühmtesten Kunstschule des 20. Jahrhunderts.

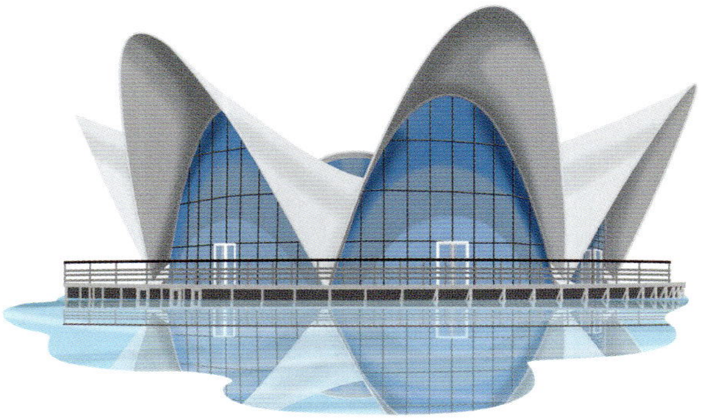

Das Restaurant „Los Manantiales" in Mexiko ist einer der berühmtesten Bauten des Architekten Félix Candela. Es wurde 1957/58 gebaut und nutzt die Technik des Schalenbaus mit leichten aber stabilen Formen aus Beton.

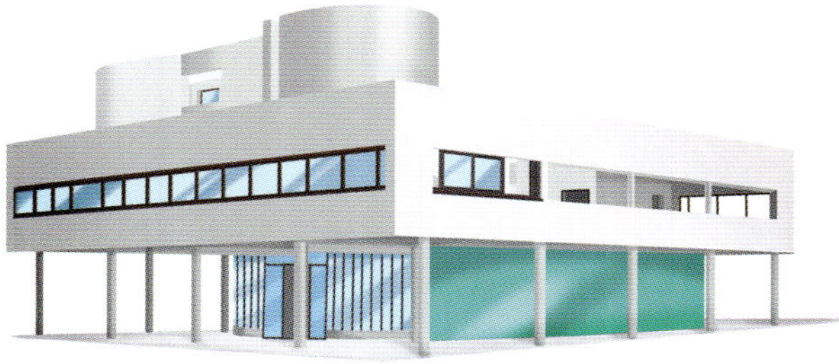

Le Corbusier hatte fünf Grundideen für eine neue Architektur. In der Villa Savoye sind sie umgesetzt: So steht das Haus z. B. auf Säulen, hat eine Dachterrasse, und seine Räume konnte man so aufteilen, wie die Bewohner es brauchten.

Das „Tanzende Haus" in Prag ist ein ungewöhnliches Gebäude. Die vielen Architektur-Stile, die man in der Stadt findet, sind hier miteinander verschmolzen.

Es gibt Hunderte Wolkenkratzer, die über 300 Meter hoch sind. Man nennt sie „supertall". Doch die wahren Riesen sind viel seltener. Gebäude, die höher als 600 Meter sind, nennt man „megatall".

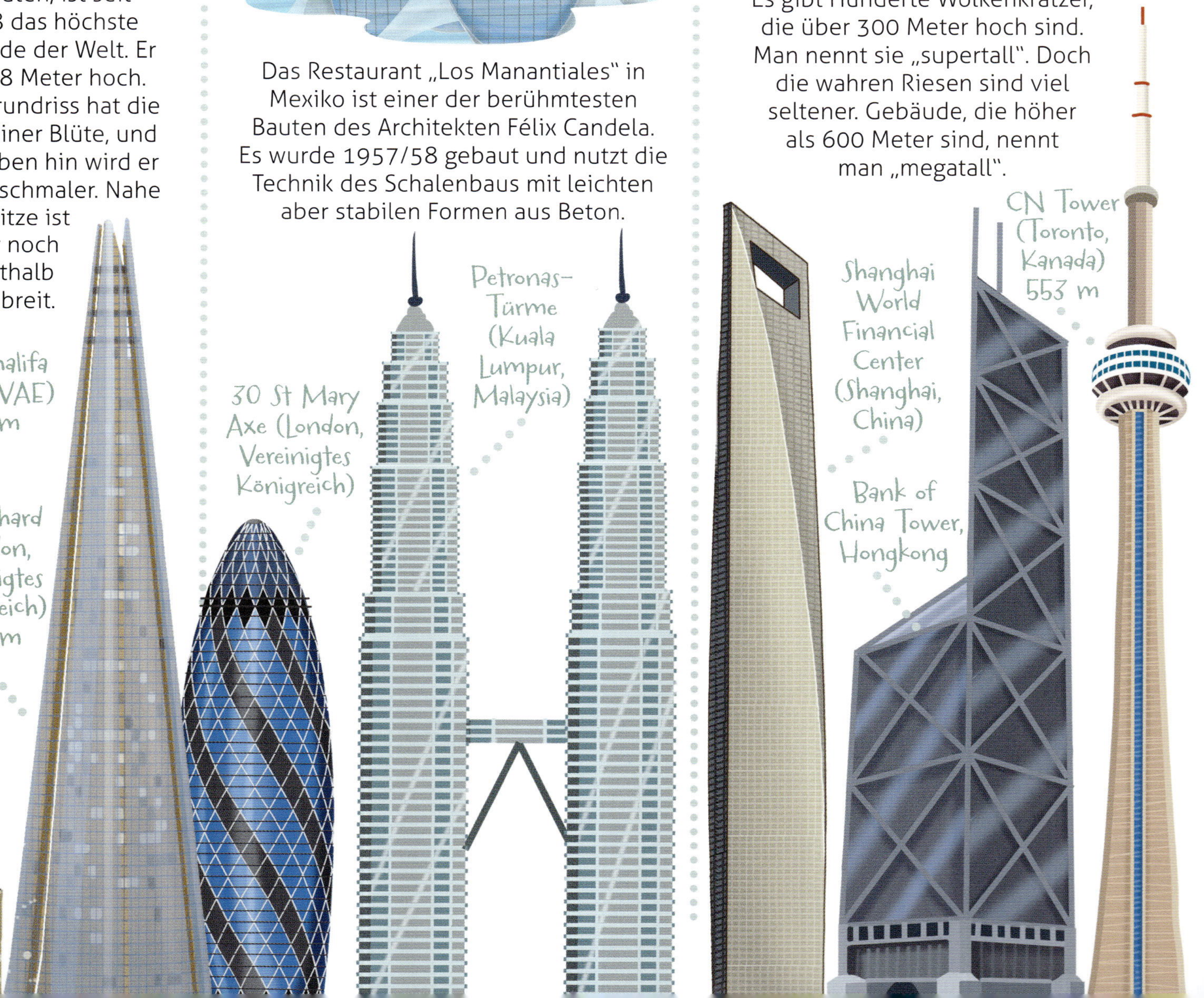

Alle Wolkenkratzer haben im Inneren eine Struktur aus mächtigen Stahlträgern.

Das Guggenheim Museum in New York wurde als Kunstwerk entworfen, in dem andere Kunstwerke einen Platz finden sollten. Dazu dachte sich Frank Lloyd Wright eine spiralförmige Struktur aus, die nach unten schmaler wird.

Hochhäuser brauchen eine stabile Struktur aus Stahl und Betonpfosten, die tief in der Erde verankert sind. An diesen Pfosten werden Stahlträger befestigt, die das stützende Skelett des Hauses bilden. Der Boden der Stockwerke ist aus Stahlbeton, die Außenwände werden oft aus Glas- oder Metallplatten gebaut. Bei den älteren Wolkenkratzern besteht die Außenverkleidung aus Beton und Ziegeln.

Das Empire State Building in New York City war 40 Jahre lang das höchste Gebäude der Welt. Es dauerte nur 21 Monate, bis das 443 Meter hohe Ungetüm fertig war.

Das Chrysler Building wurde 1930 fertiggestellt. Mit seinen 319 Metern Höhe war es für kurze Zeit der höchste Wolkenkratzer von New York und der ganzen Welt.

Es hält zwar keinen Rekord, aber es gilt vielen Leuten als das schönste Gebäude der Stadt. Seine Gestaltung ist ein typisches Beispiel für den Stil des Art Déco, so wie der Architekt William van Alen es sich vorgestellt hatte.

Wichtige historische Gebäude

Der Parthenon

Der Parthenon ist der berühmteste griechische Tempel. Es wurde unter der Leitung des großen Bildhauers Phidias im dorischen Stil auf der Akropolis in Athen erbaut.

Das Römische Pantheon

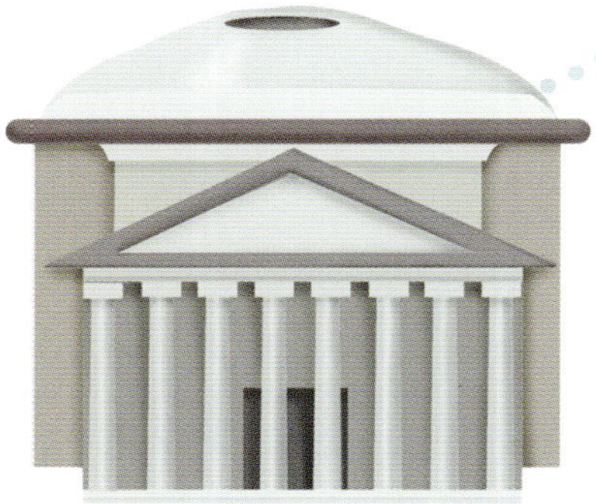

Das Pantheon, ein Tempel, der allen römischen Göttern geweiht ist, wurde unter Kaiser Hadrian in Rom errichtet.
Noch fast 2000 Jahre nach seinem Bau ist seine Kuppel eine der größten und schönsten weltweit.

Ägyptologen glauben, dass die Große Pyramide von Gizeh als Grab für den Pharao Cheops aus der 4. Dynastie erbaut wurde.

Die Chinesische Mauer

Die Große Chinesische Mauer wurde zum Schutz des Landes vor Überfällen durch mongolische Stämme errichtet. Ab dem Jahr 215 v. Chr. wurde an ihr gebaut. Sie ist etwa 6500 Kilometer lang und wird durch natürliche Hindernisse ergänzt.

Mittelamerikanische Pyramide

Im Mittelamerika stehen zahlreiche steile Pyramiden, die von den dortigen Völkern erbaut wurden, ehe die europäischen Eroberer dort eintrafen. In der Ruinenstätte Chichén Itzá in Mexiko steht eine der interessantesten von ihnen, die von den Maya errichtete Pyramide des Kukulcán.

Notre-Dame de Paris

Die Kathedrale Notre-Dame ist eines der Wahrzeichen von Paris. Der Bau dieses Meisterwerks der gotischen Architektur dauerte etwa 170 Jahre.

Himmelstempel

Dieser Gebäudekomplex wurde von den chinesischen Kaisern der Ming-Dynastie errichtet. Dort wurden Gebetszeremonien für eine gute Ernte abgehalten.

Auferstehungs-kirche, St. Petersburg

Hagia Sophia, Istanbul

Als die Große Pyramide von Gizeh fertig war, betrug ihre Höhe 146 Meter. Zu ihrem Bau brauchte man 2.300.000 Steinblöcke, die je 2,5 Tonnen wogen. Man glaubt, dass einige Jahrzehnte Arbeit dazu nötig waren.

Seit über 1500 Jahren spiegelt sich die große Kuppel der Hagia Sophia im Bosporus. Die ehemalige byzantinische Kirche wurde zwischenzeitlich als Moschee, dann als Museum genutzt. Seit 2020 ist sie wieder eine Moschee. Mit ihrer gigantischen Kuppel gilt sie als eines der bedeutendsten Gebäude aller Zeiten.

Diese Kirche wurde nach dem Vorbild der mittelalterlichen Architektur Russlands gebaut. Die Mosaiken, die sie bedecken, haben eine Fläche von über 7000 Quadratmetern.

Die Cheops-Pyramide ist das älteste der Sieben Weltwunder der Antike und als einziges bis heute erhalten.

Wo Menschen zu Hause sind

Höhle

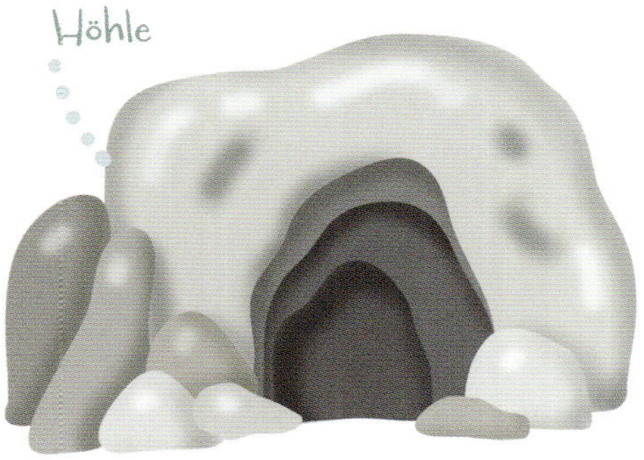

Höhlen und ähnliche Orte boten unseren Vorfahren in der Vorzeit einen natürlichen Schutz vor Kälte und wilden Tieren.

Hütte aus Häuten

In der Altsteinzeit bauten die Jäger, die in den Ebenen Europas lebten, Hütten aus Tierhäuten.

Jurte

Die Jurte ist das typische Haus der Nomadenvölker Mittelasiens. Sie besteht aus einem Holzrahmen, der mit Filzmatten bedeckt wird, und kann zum Transport ab- und wieder aufgebaut werden.

Keltische Hütte

Der Rauch der Feuerstelle entwich durch ein Loch im Dach.

Zelt aus Leder

Zelte aus Tierhäuten wurden schon vor 40.000 Jahren benutzt.

Langhaus der Wikinger

Das Langhaus der Wikinger war rechteckig und wurde aus starken Holzbalken gebaut. Das schräge Dach war mit Reet oder Erde gedeckt. Zum Schutz vor Kälte reichte es bis weit nach unten. In der Mitte lag die Feuerstelle, auf der gekocht wurde.

Traditionelle chinesische Häuser hatten in der Mitte einen Schrein zu Ehren der Vorfahren. Daneben lagen die Schlafzimmer der Eltern. Die Anzahl der Stockwerke war gesetzlich vorgeschrieben.

Die Häuser der Jungsteinzeit-Siedlung Çatalhöyük in der heutigen Türkei standen eng beieinander. Der einzige Eingang war eine Öffnung im Dach.

Hütte der Pygmäen aus Zentralafrika

Für den Bau traditioneller japanischer Häuser wird als Material Holz, Ziegelstein und Papier verwendet.

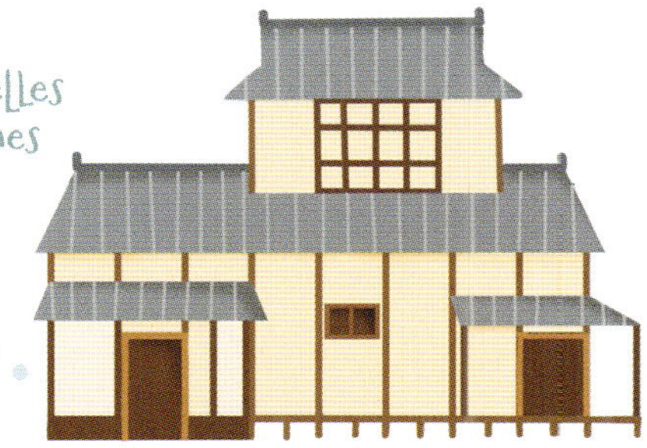

In Kappadokien (Türkei) gibt es Häuser aus ausgehöhlten Tuffstein-Felsen.

Die Beduinen leben in der Wüste, im Schutz von Zelten. Darin sind die Bereiche für Frauen und Männer durch Tücher abgetrennt.

Pfahlbauten boten ihren Bewohnern Schutz vor feindlichen Angriffen und wilden Tieren. In manchen Sumpfgebieten oder an Flüssen leben bis heute Menschen in ähnlichen Häusern.

Bei den typisch deutschen Fachwerkhäusern besteht das Grundgerüst aus Holzpfosten und Balken. Die Zwischenräume sind mit verflochtenen Zweigen gefüllt und mit Lehm bestrichen.

In der Pueblo-Kultur auf dem Gebiet der heutigen US-Staaten Arizona und New Mexico bauten die Menschen große Dörfer aus Stein und Lehm.

Im Erdgeschoss der Mietshäuser im alten Rom war oft ein Laden oder eine Werkstatt untergebracht. Dahinter gab es Höfe mit Ställen oder Lagerräumen.

Die Bewohner der Arktis bauten sich Iglus aus Schneeblöcken zum Schutz vor der Kälte.

Auf der Baustelle

Bagger heben Erde aus und laden sie auf einen Laster. Dazu müssen sie nicht umherfahren, denn ihr Aufbau lässt sich drehen.

Wenn man ein Gebäude plant, ist es wichtig, den richtigen Standort zu wählen und alles zu beachten, was für die Bauarbeiten nötig ist. Am wichtigsten sind die Maschinen, die man zum Ausheben und zum Abtransport des Bodens braucht. Vor allem am Anfang der Arbeiten spielen sie eine große Rolle.

Lastwagen mit großer Kippbrücke („Kipper") transportieren die ausgehobene Erde über die Baustelle. Zum Abladen wird die Ladefläche einfach gekippt.

Besondere Greifer sind nötig, um schwere Materialien zu bewegen.

Der Radlader ist ein Spezialfahrzeug, das Erde ausheben und über kurze Strecken transportieren kann. Er ist vorne mit einer Schaufel ausgestattet.

Alle Gebäude müssen ein stabiles Fundament haben, besonders wenn sie mehrere Stockwerke haben. Am Anfang wird der Boden planiert, dann beginnen die Ausschachtungsarbeiten für das Fundament. Manchmal treibt man zuerst lange Stahlrohre, die mit Beton gefüllt werden, in den Boden. Danach wird darauf die Bodenplatte gegossen. Auch sie ist aus Beton.

Meistens steckt die Konstruktion, die das Haus stützt, in den Mauern. Sie ist nicht mehr zu sehen, sobald es fertig ist.

An einem Radlader kann man außer einer Schaufel oft auch andere Geräte befestigen, etwa einen Baggerarm oder eine Hebevorrichtung.

Die Stützen des Hauses bestehen aus Stahlbeton. Eine Verstärkung aus Stahl wird in die Verschalung eingesetzt, dann wird eine Mischung aus Zement, Sand, Kies und Wasser hineingefüllt: der Beton.

Der Beton wird in großen Mischmaschinen, die auf Lastwagen montiert sind, zur Baustelle gebracht. Während des Transports bleibt die Mischtrommel mit dem Beton stets in Bewegung. So bleibt er flüssig und kann dort ausgegossen werden, wo er gebraucht wird. Muss er nach oben gepumpt werden, kann an dem Laster ein besonderer Gelenkarm angebracht werden.

Einsatzfahrzeuge

An schwer erreichbaren Orten kommt Hilfe aus der Luft: Besondere Hubschrauber sind für Rettungseinsätze ausgestattet.

Rettungsfahrzeuge sind dazu da, die Rettungskräfte rasch dorthin zu bringen, wo sie benötigt werden. In diesen Fahrzeugen ist die wirkungsvollste und modernste Ausrüstung eingebaut, und gut ausgebildetes Personal kann schnell helfen.

Ein Rettungswagen dient nicht nur dazu, Patientinnen und Patienten von einem Ort zum anderen zu bringen. Er ist eine fahrbare Rettungsstation mit den modernsten Mitteln zur Wiederbelebung. Ärztinnen und Sanitäter haben genug Platz, um Menschen zu behandeln, die Hilfe brauchen. Ein Defibrillator, Flaschen mit Sauerstoff und andere lebensrettende Geräte befinden sich gleich neben der fahrbaren Trage.

Für die Rettung per Hubschrauber gibt es besondere Modelle, die sowohl in Städten als auch auf See und in den Bergen eingesetzt werden können. Sie sind vor allem für Noteinsätze gut, die weitab von Krankenhäusern stattfinden. Weil Kranke und Verletzte so schneller und bequemer transportiert werden können als bei einer langen Fahrt mit dem Krankenwagen, ist diese Methode für sie auch sicherer.

Einsatzfahrzeuge kündigen ihre Ankunft mittels Sirenen und Blaulicht an. So haben sie freie Bahn und es geht keine wertvolle Zeit verloren.

In der Feuerwache ist das Einsatzpersonal untergebracht sowie die Einsatzorganisation und alles, was man für Einsätze benötigt.

Feuerwehrleute auf der Wache sind bereit, jederzeit zum Einsatz aufzubrechen. Sobald der Alarm ertönt, geht es los. Von höher gelegenen Stockwerken gelangen sie über Rutschstangen ganz schnell nach unten zu den Einsatzfahrzeugen.

Auf dem Leiterwagen ist eine drehbare Leiter montiert, die bis auf 30 Meter Länge ausgezogen werden kann. So erreicht man auch Menschen, die in den oberen Stockwerken eines Gebäudes eingeschlossen sind. Außerdem enthält dieses Fahrzeug Wasserschläuche, Atemgeräte, Feuerlöscher und die Schutzkleidung, in der sich die Feuerwehrleute den Flammen nähern können.

Erfindungen

Frühes Rad

Die Ursprünge des Rades liegen im Dunkeln. Die früheste bekannte Abbildung, die ein Rad zeigt, ist ein Mosaik aus Mesopotamien aus dem Jahr 3500 v. Chr.

Glasvase

Glas wurde im Mittleren Osten bereits vor 5000 Jahren entdeckt, aber erst um 1500 v. Chr. begann man mit der Herstellung von Glasgefäßen.

Wasseruhr

Die ersten Sonnenuhren waren wohl ab 2000 v. Chr. in Ägypten im Einsatz. Nachts wurde die Zeit mit Wasseruhren gemessen.

Sonnenuhr

Der griechische Philosoph Anaximander gilt als der Erfinder des sogenannten Gnomons. Aus diesem Schattenzeiger entwickelte sich die Sonnenuhr.

Münzen

Die ältesten Münzen wurden im 7. Jahrhundert v. Chr. von den Königen Lydiens (in der heutigen Türkei) und den griechischen Stadtstaaten geprägt.

Brille

Die ersten Brillen stellte Alessandro della Spina im 13. Jahrhundert her.

Volta'sche Säule

Dieser Vorläufer der Batterie bestand aus Zink- und Kupferscheiben, getrennt durch Lagen aus feuchtem Papier.

Elektrisches Licht

Das Patent für die erste Glühlampe erhielt Thomas Edison. 1879 leuchtete eine seiner Lampen mehr als 13 Stunden lang. Doch neun Monate zuvor hatte der Erfinder J. W. Swan bereits etwas Ähnliches vorgeführt.

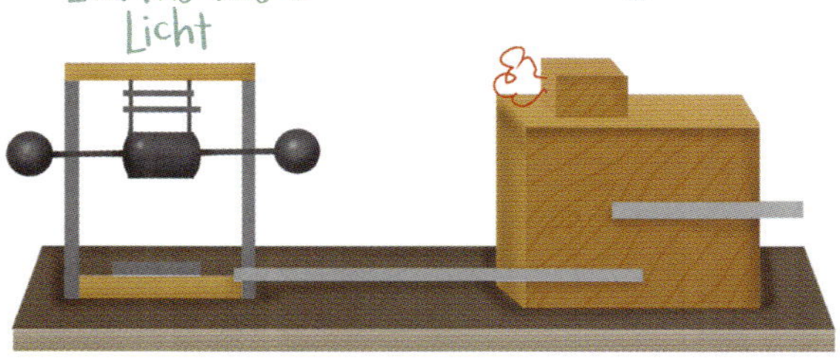

Bei seinen Experimenten von 1894/95 gelang Guglielmo Marconi die erste drahtlose Übertragung von Schall. Damit war das Radio geboren.

Britischer Briefkasten

Mitte des 19. Jahrhunderts wurden Metallkästen aufgestellt, in die man Briefe einwerfen konnte.

Frühes Bügeleisen

1882 revolutionierte Henry Seely das Bügeln, indem er ein Bügeleisen patentierte, das nicht mit Kohle, sondern durch einen elektrischen Widerstand erhitzt wurde.

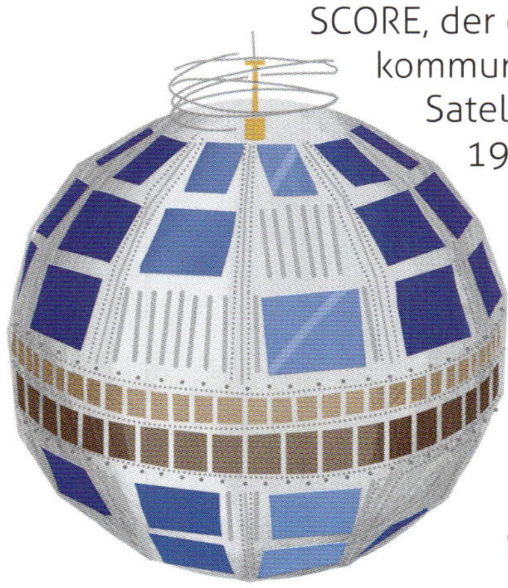

SCORE, der erste Telekommunikations-Satellit, wurde 1958 in eine Umlaufbahn geschossen.

Faxgerät

Mit dem elektrischen Fax lassen sich Briefe in schwarz-weiß von Gerät zu Gerät übertragen. Ein Vorläufer wurde 1843 erfunden, aber erst in den 1980er-Jahren fand es große Verbreitung, weil es nun leicht bedienbare Geräte gab.

Radioteleskop

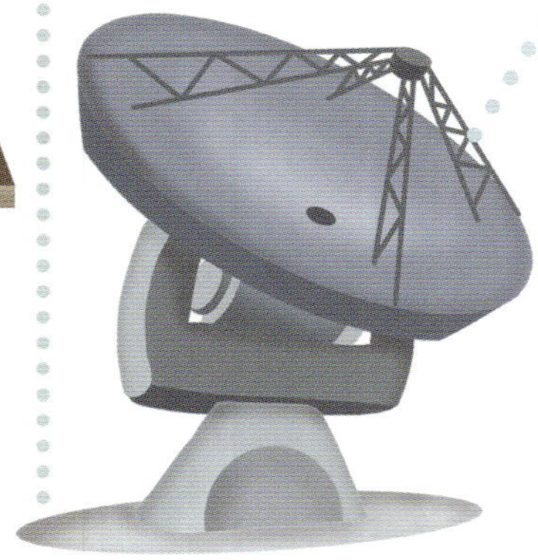

Das erste Radioteleskop, das natürliche Radiowellen aus dem All empfangen konnte, wurde 1937 gebaut.

Die ersten Fotos gelangen 1826 dem Franzosen Nicéphore Niépce, als er bleibende Bilder auf einer Metallplatte erzeugte.

Die ersten Blitzgeräte, um bewegte Objekte zu fotografieren, wurden 1851 gebaut.

Emile Berliner erfand das Grammophon 1887, um Stimmen und Musik aufzunehmen bzw. wiederzugeben. Diese werden als Rillen in eine sich drehende Platte eingraviert. Mit Hilfe einer Nadel können sie dann wieder abgespielt werden.

Die Vinyl-Schallplatte kam 1948 auf den Markt.

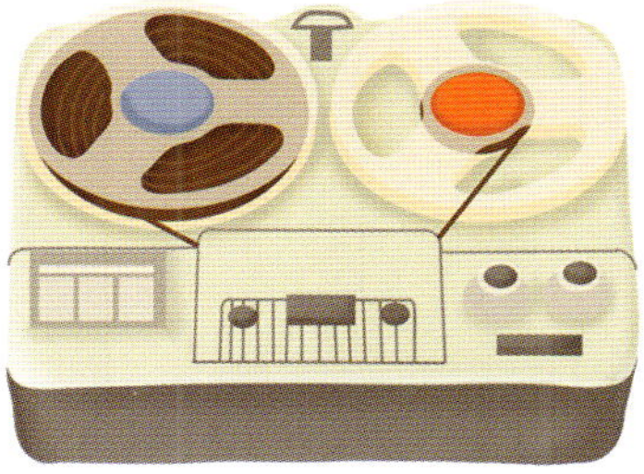

Das Tonbandgerät zum Aufnehmen und Abspielen von Musik wurde 1934 patentiert.

Um 1965 erschienen Kassetten mit einem Magnetband, auf dem Musik aufgenommen war.

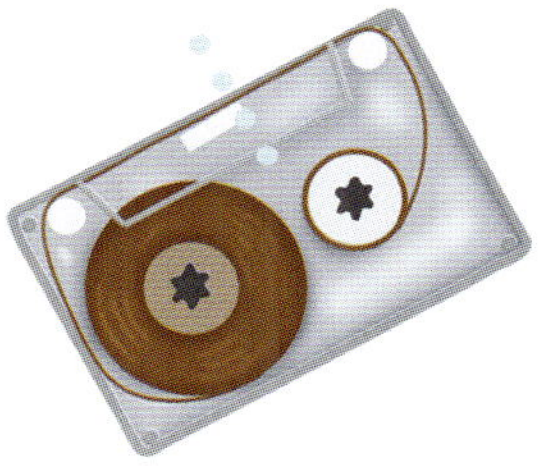

Compact Discs mit Musik, die durch einen Laser abgespielt wurden, gab es ab 1982.

Die ersten Fernsehgeräte kamen 1927 in den USA und später in Europa auf den Markt.

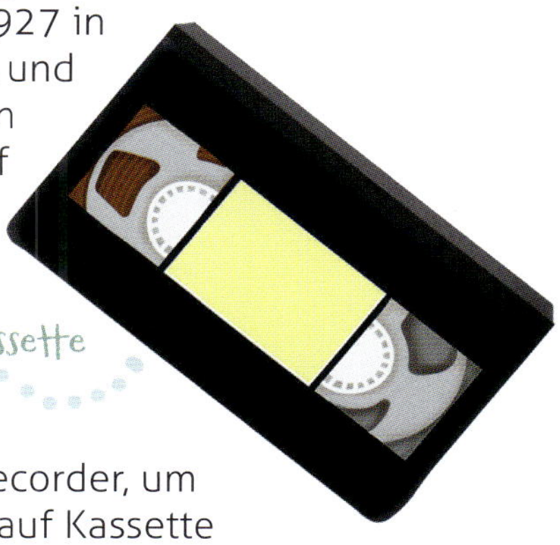

Videorecorder, um Filme auf Kassette aufnehmen zu können, kamen 1973 in Gebrauch. Diese Technik schien eine Jahrhundert-Erfindung zu sein, war aber schon bald veraltet.

Am 28. Dezember 1895 veranstalteten die Brüder Lumière im Grand Café in Paris die erste öffentliche Filmvorführung mit dem Kinematografen. Das Publikum war begeistert, wie echt die Bilder aussahen. Die Leute in den ersten Reihen fürchteten sich sogar vor der großen Lok, die plötzlich im Saal erschien.

Papier und Druck

Schreiber

Papier hat eine faszinierende Geschichte. Die Ägypter der Antike schrieben auf Papyrus: ein Papier aus Fasern der Papyruspflanze, die am Ufer des Nils wächst. Die beschriebenen oder bemalten Papyri wurden zusammengerollt und in Bibliotheken aufbewahrt.

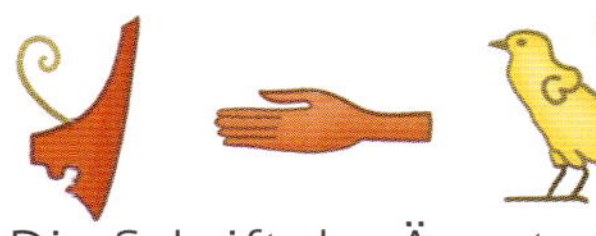

Hieroglyphen

Die Schrift der Ägypter bestand aus Hieroglyphen: kleine Bilder, die Dinge, Vorstellungen oder Handlungen bezeichnen.

Sumerer

Die Sumerer hatten kein Papier. Sie schrieben mit Stöckchen auf Tontafeln. Die Schrift nennt man Keilschrift.

Pergament

Die ersten „echten" Bücher entstanden im antiken Griechenland. In Pergamon, in der heutigen Türkei, machte man aus speziell behandelter Tierhaut Pergament. Dieses Wort ist von dem Namen der Stadt abgeleitet.

Römischer Schüler

Auch die Römer verwendeten Pergament für ihre Dokumente. Aber das Schreiben übte man auf Holztafeln, die mit Wachs bestrichen waren, den tabulae. Zum Schluss strich man das Wachs mit einer Spachtel wieder glatt.

Die Herstellung von Papier entstand im Jahr 105 am Hof des chinesischen Kaisers He. Die Rinde des Maulbeerbaums wurde zerkleinert, eingeweicht und mit einem Sieb aus Bambus abgeschöpft.

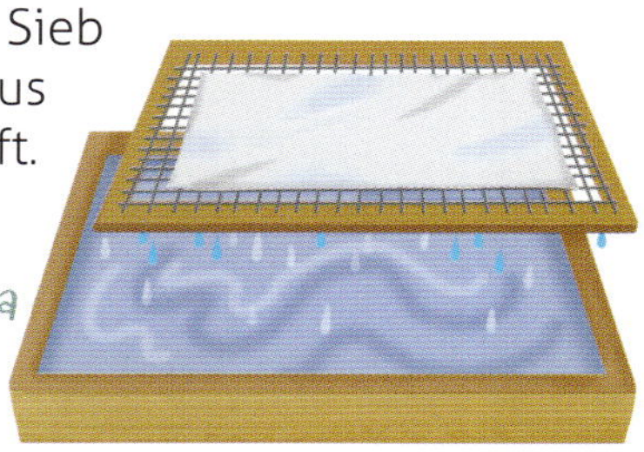

Das Papier wurde in China erfunden.

Lumpen

In Arabien schaute man sich das Geheimnis des Papiermachens von den Chinesen ab. Statt Maulbeer-Rinde nahm man Lumpen aus Baumwollstoff. Von Arabien kam die Technik nach Südeuropa und verbreitete sich im Lauf der Jahrhunderte weiter.

Schreiber im Kloster

Im Mittelalter konnten nur wenige Menschen in Europa lesen und schreiben: vor allem die Mönche und Nonnen und andere Kirchenleute. In den großen Bibliotheken der Klöster wurden Bücher gesammelt. Mönche schrieben sie sorgfältig mit der Hand ab, damit das Wissen weitergegeben wurde, und sie malten kleine Bilder an den Rand. In manchen Büchern steckten viele Jahre Arbeit, und sie waren sehr wertvoll.

Im 15. Jahrhundert aber hatte ein schlauer Kopf eine tolle Idee. Johannes Gutenberg erfand eine Methode zum Drucken von Büchern.

Aus winzigen Stempeln, den „beweglichen Lettern“, wurde der Text zusammengesetzt.

Gutenberg setzte die einzelnen Seiten Buchstabe für Buchstabe zusammen. Indem man sie dann wie einen riesigen Stempel auf das Papier drückte, konnten viele Exemplare gedruckt werden. Von nun an breiteten sich Bücher im Nu aus!

Die Erfindung der Druckerpresse war auch wichtig für die Verbreitung von Nachrichten: Die ersten Zeitschriften entstanden. Aber erst um 1850 wurden Zeitungen beliebt.

Eine Erfindung leistete dazu einen großen Beitrag: die Schreibmaschine. Sie war der Vorläufer der Computertastatur.

Gutenbergs Druckerpresse

Hast du dich schon mal gefragt, wie man vor hundert Jahren ein Schriftstück kopiert hat? Man musste es Wort für Wort abschreiben oder Durchschlag-Papier verwenden.

Der Kopierer setzte sich in den 50-er Jahren durch und war eine tolle Erfindung. Die ersten Modelle hatten innen einen Zylinder, auf den durch elektrische Ladung schwarzes Pulver aufgebracht wurde: der Toner. Damit wurde die Kopie auf ein Blatt Papier übertragen.

Heute wird mit digitaler Technik gedruckt, und Bücher können als Dateien verbreitet werden. Sicher hast du schon mal ein Buch auf einem Tablet gelesen. Diese kleinen Computer kamen im Jahr 2000 auf den Markt. Aber in einem Buch aus Papier zu blättern und es zu riechen, ist viel schöner!

Papier ist ein wertvoller Rohstoff und kann zum Glück recycelt werden.

Die Olympischen Spiele

In der griechischen Stadt Olympia wurden in der Antike alle vier Jahre Wettkämpfe abgehalten, um den Gott Zeus zu ehren. Zwischen 776 vor Christus und 393 nach Christus wurden während der Spiele alle Kriege unterbrochen.

Im Stadion von Olympia konnten bis zu 45.000 Menschen den Wettkämpfen zusehen und die Athleten bejubeln. Die Gewinner erhielten einen Olivenzweig und eine Amphore, auf der der Sport dargestellt war, bei dem sie gesiegt hatten.

Die Laufwettbewerbe waren die wichtigsten Wettkämpfe und wohl auch die ältesten. Am Anfang wurde nur über die Strecke von einem Stadion gelaufen, das waren etwa 192 Meter.

Beim Wettkampf mussten die Athleten und auch ihre Trainer nackt sein.

Die Olympischen Spiele der Neuzeit verdanken wir dem Baron Pierre de Coubertin. In Anlehnung an die Spiele der Antike fanden sie zum ersten Mal 1896 in Athen statt. Bei den jüngsten Spielen traten Athletinnen und Sportler aus 205 Ländern bei 339 Wettbewerben gegeneinander an.

Experten für die jeweilige Sportart aus allen Ländern bilden eine Jury, die prüft, ob die Regeln eingehalten werden.

Beim Hammer- und beim Diskuswerfen dreht man sich ein paarmal um sich selbst, damit das Sportgerät möglichst schnell und weit fliegt.

Beim Staffellauf treten die Läufer als Mannschaft nacheinander an und geben den Staffelstab immer an den nächsten weiter.

Es gibt Laufwettbewerbe für Männer und Frauen. Sie müssen dabei zum Beispiel 100, 200 oder 400 Meter so schnell wie möglich zurücklegen.

Beim Kugelstoßen braucht man Kraft und Koordination. Jeder hat drei Versuche, um die Kugel so weit wie möglich zu stoßen.

Tausend und eine Sportart

Alpiner Skilauf ist ein sehr alter Sport. Bei modernen Wettkämpfen ist die Strecke, die den schneebedeckten Hang hinabführt, durch Tore markiert. Es gibt vier wichtige Disziplinen: Abfahrt, Riesenslalom, Super-Riesenslalom und Alpine Kombination.

Das Snowboard-Fahren entstand in den 1970er-Jahren. Dabei sind beide Füße auf einem Brett befestigt. Neben Abfahrts- und Slalom-Rennen gibt es Freestyle-Wettbewerbe, bei denen akrobatische Tricks gezeigt werden.

Skispringen ist spannend und spektakulär anzusehen; es braucht viel Mut, um bei hoher Geschwindigkeit von der Schanze zu springen. Gewonnen hat, wer am weitesten fliegt und am schönsten landet. Beim Skifliegen sind Weiten von über 250 m möglich.

Zwei Teams lassen abwechselnd runde Steine über das Eis gleiten mit dem Ziel, einen Kreis auf dem Eis zu erreichen. Gewonnen hat, wer der Mitte des Kreises am nächsten kommt. Dabei versucht man mithilfe von Besen das Eis vor dem Stein besonders glatt zu machen.

Geschützt durch einen Helm, Handschuhe und einen gepolsterten Anzug spielen je fünf Spieler und ein Torwart gegeneinander auf dem Eis. Sie versuchen, eine Gummischeibe, den Puck, mit dem Schläger ins gegnerische Tor zu schießen.

Bei diesem Sport gleiten Athletinnen und Athleten im Rhythmus von Musik über das Eis und führen dabei Figuren, unglaubliche Sprünge und Pirouetten vor.

Beim Golf wird der Ball mit einem Schläger in ein Loch geschlagen. Bei diesem Sport braucht man Konzentration und Genauigkeit, um eine Runde mit 18 Löchern durchzuspielen. Wer dazu die wenigsten Schläge braucht, gewinnt.

Weltmeister-Pokal

Fußball ist der Sport, den weltweit die meisten Menschen ausüben. Zwei Mannschaften mit je 11 Spielern treten gegeneinander an, und ein Spiel dauert in der Regel 90 Minuten.

Karten des Schiedsrichters

Das Spiel wird von einem Schiedsrichter geleitet: Wer gegen die Regeln verstößt, kann von ihm mit einer gelben oder roten Karte bestraft werden.

Die Mannschaft, die den Ball am häufigsten ins gegnerische Tor schießt, gewinnt.

Beim Tennis schlagen zwei Spielerinnen oder Spieler den Ball über das Netz von einer Seite des Platzes zur anderen.

Fußball

Tennis

Golf

Wer es nicht schafft, den Ball auf die gegnerische Seite zu spielen, verliert den Ballwechsel.

Beim Wasserball versuchen sieben Leute pro Mannschaft den Ball ins gegnerische Tor zu werfen. Bei diesem Sport wird man schnell müde und muss deshalb sehr fit sein, um die vier Spielabschnitte durchzuhalten.

Wasserball

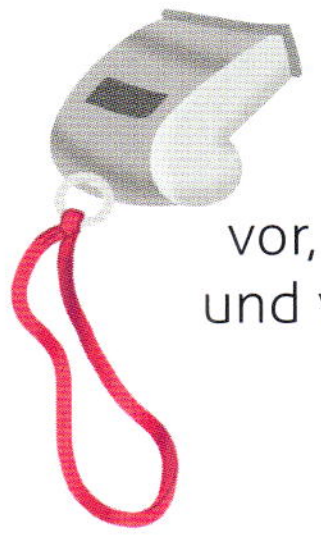

Beim Synchronschwimmen werden Schwimmen und Tanzen kombiniert, und man braucht ein gutes Rhythmusgefühl. Zur Musik führen die Schwimmerinnen Figuren vor, die schön aussehen sollen und von allen genau gleichzeitig ausgeführt werden.

Synchronschwimmen

Es gibt vier verschiedene Schwimmarten. Wettschwimmen über Distanzen zwischen 50 und 1500 Meter gibt es im Brustschwimmen, „Schmetterling", Rückenschwimmen und Kraulen – dabei ist man am schnellsten.

Reiten

Es ist wohl Tausende Jahre her, dass Menschen lernten, wie man wilde Pferde fängt und darauf reitet. Seither verrichten Pferde viele Arbeiten, und lange waren sie unser einziges Transportmittel. Heute sind sie unsere Freunde, mit denen wir Sport treiben und schöne Stunden in der Natur verbringen.

Pferde kennen drei Gangarten. Die langsamste heißt Schritt. Dabei setzt das Tier einen Huf nach dem anderen auf.

Beim Trab berühren stets zwei Hufe zugleich den Boden.

Der Galopp ist die schnellste Gangart, dabei sind manchmal alle vier Hufe in der Luft.

Ein Pferd, das jünger als ein Jahr ist, heißt Fohlen. Mit seinen langen Beinen steht es zuerst noch unsicher. Es wächst weiter, bis es fünf oder sechs ist. Mit vier sind die Knochen so stark, dass es arbeiten kann.

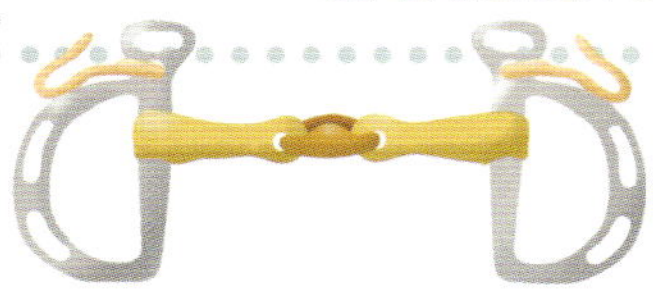

Eine der spannendsten Pferdesportarten ist das Springreiten. Pferd und Reiter müssen einen Parcours aus hölzernen Hindernissen, Mauern und Hecken überwinden, ohne sie umzustoßen.

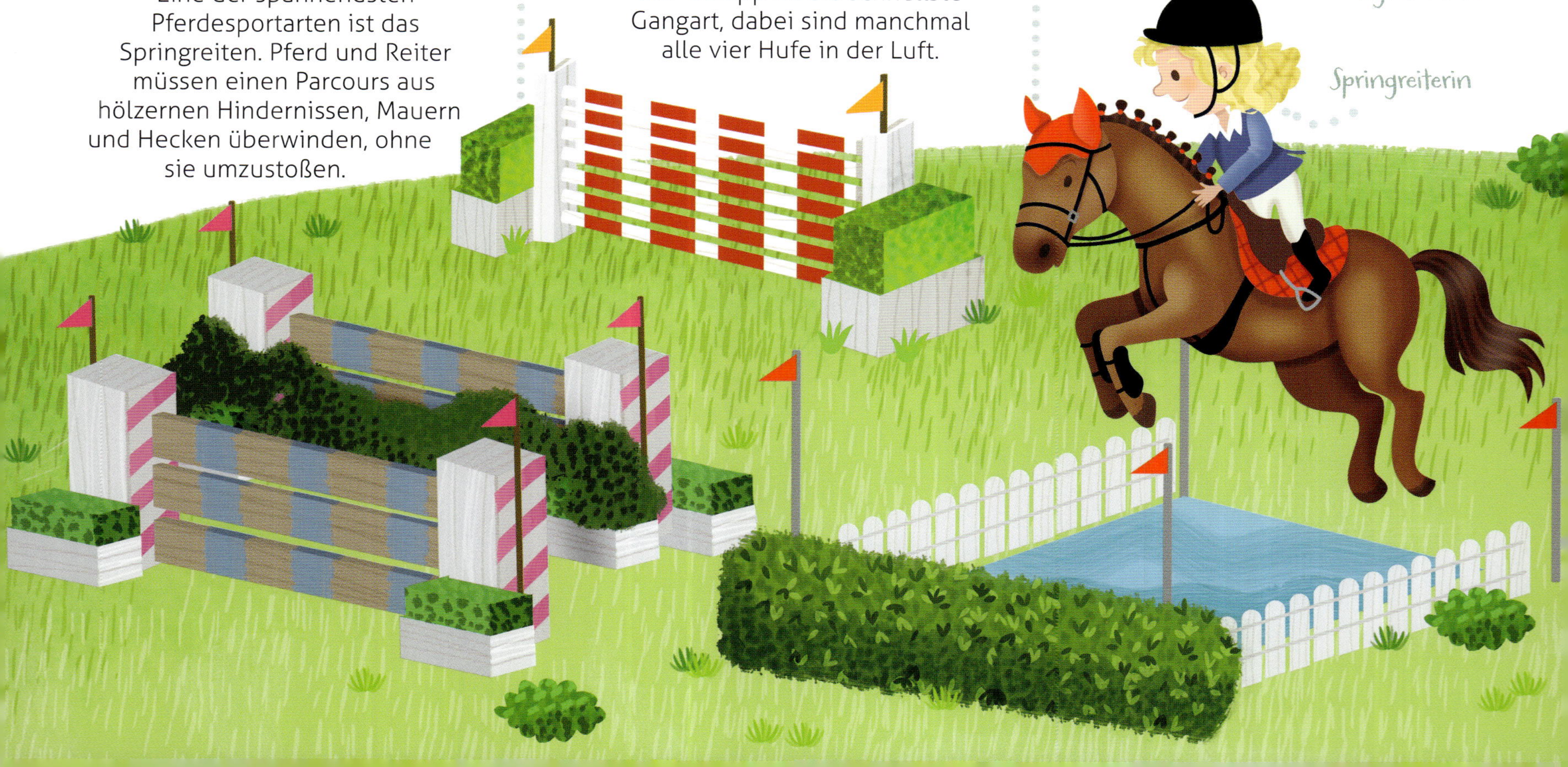

Besonders nach dem Reiten müssen Schmutz und Schweiß aus dem Pferdefell ausgebürstet werden.

Wenn man ausreitet, ist es wichtig, dass das Pferd den letzten Kilometer im Schritt zurücklegt. So wird das Tier ruhig und wieder trocken, falls es verschwitzt ist. Zurück im Stall muss man die Beine auf kleine Verletzungen überprüfen.

Waschen sollte man unseren Freund nur, wenn es wirklich nötig ist. Wasser und Shampoo lassen das Fell glänzen, waschen aber auch das Fett heraus, das Pferde vor Kälte schützt. Die Nase sollte man bloß mit einem feuchten Schwamm säubern.

Wir müssen unseren Freund gut mit Futter versorgen, auf seine Gesundheit achten und den Stall und sein Geschirr sauber halten. Die Hufeisen müssen von Zeit zu Zeit erneuert und die Hufe täglich gereinigt werden.

Pferde lebten ursprünglich in Herden und mögen auch die Gesellschaft anderer Tiere.

Tanz

Klassischer, moderner und zeitgenössischer Tanz sind zwar sehr unterschiedlich, aber gemeinsam ist allen dreien, dass Tänzer und Tänzerinnen mit großer Hingabe und viel Disziplin üben müssen, um die Technik zu meistern und genau auszuführen.

Beim Street Dance zeigt man akrobatische und athletische Figuren.

Samba ist ein sehr rhythmischer Tanz, der seinen Ursprung in Brasilien hat.

Der Tango ist ein leidenschaftlicher Tanz mit Wurzeln in Südamerika. Es gibt verschiedene Stile, sehr bekannt ist der Tango Argentino.

Der Rhythmus des Flamencos wurde ursprünglich nur mit dem Fuß gestampft und mit den Händen geklatscht.

Die fünf Positionen beim klassischen Ballett muss man gründlich üben, denn sie müssen perfekt sitzen.

Die Sprünge der Tänzer sollen so aussehen, als müssten sie sich gar nicht anstrengen.

Die Beine werden so angehoben, als würden sie sich vom Körper wegbewegen.

Das Demi-plié ist eine der ersten Bewegungen, die man beim Ballett lernt, und eine der wichtigsten.

Dabei werden die Knie zur Hälfte gebeugt. Erfahrenere Tänzer beherrschen auch das „Grand-plié“, wobei die Knie ganz gebeugt werden.

Die Übungen an der Ballettstange sind wichtig zum Erlernen der Technik. Wenn die Tänzerinnen eine Hand leicht auf die Stange legen, können sie bei diesen Bewegungen ihr Gleichgewicht leichter halten.

Um auf den Zehenspitzen zu tanzen, braucht es viel Übung.

Die Szenografie ist ein wichtiger Teil des Tanztheaters. Bühnenbild und Kostüme tragen viel zu einer Ballettaufführung bei.

Die Tänzerinnen und Tänzer drücken die Gefühle, die sie darstellen möchten, durch Bewegungen aus.

In manchen Ballett-Kompanien gibt es Talente mit herausragendem technischen Können und Ausdrucksstärke. Man nennt sie Étoiles, das heißt „Sterne“.

Neben ihnen besteht eine Kompanie aus weiteren Solotänzerinnen, jungen Solisten und den einfachen Tänzern sowie vielen anderen, die als Techniker, Kostümbildner oder Choreografinnen mit ihnen zusammen das Ballett gestalten.

Der Vorhang geht auf: Nun kann sich das Publikum an der Aufführung erfreuen.

Musik

Das hier sind ganz unterschiedliche Saiteninstrumente: Streichinstrumente wie Geige oder Kontrabass und Zupfinstrumente wie das Banjo. Lauten gehören zu den ältesten Musikinstrumenten der Welt, während die E-Gitarre erst in den 30-er Jahren entwickelt wurde.

Diese Instrumente gehören zum sogenannten Schlagwerk. Neben Streichern, Holz- und Blechblasinstrumenten bilden sie im Orchester eine eigene Gruppe. Das Drumset ganz unten kommt eher in Rockbands oder im Jazz zum Einsatz.

Musik hat uralte Wurzeln. Frühe Kulturen glaubten, sie stamme von den Göttern. Daher wurde sie bei Riten gespielt, aber auch im Alltag. Mit der Zeit entwickelten sich geistliche und weltliche Musik ganz unterschiedlich, und heute werden überall die verschiedensten Musikstile gespielt.

Johann Sebastian Bach (1685–1750) schrieb unzählige geistliche und weltliche Werke für Orgel, Cembalo, Klavier, Chor und Orchester. In seiner Zeit, dem Barock, entwickelte er viele Formen der Musik weiter, und er gilt heute als eines der größten Genies der Musikgeschichte.

Im Jazz sind afrikanische und europäische Musik verschmolzen. In den 1920er-Jahren entstanden Bigbands, die diese Musik zum Tanzen spielten.

In den 1970er-Jahren entstanden ganz unterschiedliche Stile der Rockmusik, etwa durch große Musiker wie Elton John. Er ist einer der bedeutendsten Rock-Pianisten.

Die Beatles wurden im Jahr 1960 in Liverpool gegründet, und 1963 wurde ihr Album „Please Please Me" zum Nummer-Eins-Hit. Sie wurden eine der bekanntesten Bands aller Zeiten: Junge Leute imitierten ihre Kleidung und ihre Frisuren und kauften Millionen ihrer Schallplatten. 1970 lösten sie sich auf.

Musicals sind eine Art Musiktheater, das aus Schauspiel, Songs und Tanz besteht. Sie entstanden im 19. Jahrhundert in den USA. Viele der erfolgreichsten Meisterwerke sind heute Klassiker.

Wolfgang Amadeus Mozart (1756–1791) war ein musikalisches Wunderkind. Schon mit vier spielte er Cembalo, und mit sechs trat er am Kurfürstlichen Hof in München auf. Als er mit 35 Jahren starb, hinterließ er über 600 Stücke aller Arten von Musik, die man in seiner Zeit kannte.

Kunst aller Zeiten

Unsere Vorfahren in der Urzeit haben Beweise ihrer künstlerischen Ader auf den Wänden der Höhlen hinterlassen, in denen sie vor Kälte und Gefahren Zuflucht suchten. Viele der Gemälde zeigen Jagdszenen.

Sie hatten auch herausgefunden, dass man mit farbigem Pulver einen Abdruck der Hand an die Felsenwand pusten kann.

Auch die ältesten bekannten Skulpturen stammen aus dieser Zeit. Sie bestehen aus Knochen oder Stein.

Oft wurden dabei dicke Frauen dargestellt. Manche glauben, dass sie das Bild einer Mutter-Göttin sein sollen.

Vieles über das Leben im antiken Ägypten wissen wir aus Malereien, die man in den Gräbern der Pharaonen oder anderer Würdenträger des Königreichs gefunden hat. Sie zeigen die Götter, das Leben bei Hofe, aber auch alltägliche Dinge wie das Bestellen der Felder, die Jagd in den Sümpfen oder Segelboote auf dem Nil.

Im Griechenland der Antike wurde Kunst sehr geschätzt. Auch das Handwerk galt als Kunst, und eine der beliebtesten Formen war die Vasenmalerei.

Der Athener Bildhauer und Architekt Phidias hat an vielen wichtigen Bauten der Akropolis mitgearbeitet. Zu seinen Meisterwerken gehörte auch die Statue des Zeus Olympus, die im heiligen Bezirk von Olympia stand (s. S. 54) und zu den Sieben Weltwundern gehörte.

Die großen gotischen Kathedralen des Mittelalters verdanken ihre Schönheit zu großen Teilen den Steinmetzen. Sie schufen die Figuren, mit denen die prächtigen Fassaden verziert sind.

Die „Mona Lisa“ ist Leonardos berühmtestes Gemälde und wahrscheinlich eines der bekanntesten Bilder weltweit. Es hängt im Louvre-Museum in Paris.

Leonardo da Vinci, 1452–1519

Ein hervorragender Maler, ein talentierter Bildhauer und ein Wissenschaftler – all das war Leonardo da Vinci. Wegen dieser Vielseitigkeit nennt man ihn auch ein Universalgenie. Außerdem ist er ein Sinnbild für die Renaissance, denn viele seiner Eigenschaften gelten auch für diese Epoche.

Michelangelo, 1475–1564

Dieser große Künstler der Renaissance war Maler, Architekt und auch ein großartiger Bildhauer. So nannte Michelangelo sich selbst am liebsten, denn er fand, die Bildhauerei sei die edelste aller Künste.
Seine berühmtesten Gemälde findet man in der Sixtinischen Kapelle im Vatikan, wo er etwa 30 Jahre lang an einem Zyklus atemberaubender Deckenmalereien arbeitete.

Gustav Klimt, 1862–1918

Der österreichische Künstler schuf Fresken, Mosaiken und Ölgemälde. Er malte vor allem Menschen, und seine wunderschönen Portraits ließ er durch metallische Farben leuchten.

Claude Monet, 1840–1926

Monet malte gern im Freien. Er betrachtete das, was er auf die Leinwand bringen wollte, ganz genau und achtete auf das Spiel von Licht und Schatten im Lauf des Tages.

Vincent van Gogh, 1853–1890

Die Gemälde und Selbstporträts von Van Gogh mit ihren kräftigen Pinselstrichen und Farben zeigen die intensiven Gefühle dieses Malers.

Frida Kahlo, 1907–1954

Diese mexikanische Malerin ist berühmt für ihre gefühlsstarken Selbstbildnisse. In ihren Werken stellte sie viele der ernsten Seiten des Lebens mit Hilfe fantastischer Elemente dar. Sie malte tropische Tiere und Pflanzen sowie Menschen in den bunten Kleidern ihres Heimatlandes.

Pablo Picasso, 1881–1973

Dieser große Maler und Bildhauer steht in der Kunst für den Übergang vom 19. zum 20. Jahrhundert. Nach seiner „Rosa Periode“ und der „Blauen Periode“ wurde er zum wichtigsten Künstler des Kubismus. Später widmete er sich auch der Grafik und der Keramik.

Andy Warhol, 1928–1987

Er ist der bekannteste Künstler der Pop-Art und einer der einflussreichsten des 20. Jahrhunderts.

Die Geschichte der Mode

Mode wandelt und verändert sich ständig. Dabei entwickelt sich überall auf der Welt immer mehr ein ähnlicher Stil.

Anfangs war Kleidung nötig, um sich vor Kälte zu schützen, doch im Lauf der Jahrhunderte sollte das, was man trug, auch zeigen, wie reich, gebildet oder mächtig man war.

Die Menschen haben Kleidung aus vielen Stoffen für verschiedenste Zwecke entwickelt: zum Kämpfen, für Zeremonien und Feste, zum Tanzen oder für Hochzeiten. Die Möglichkeiten sind unendlich.

Die Entdecker

Die Wikinger hatten hervorragende Schiffe: lange und schmale für den Krieg, stabile mit breitem Rumpf für weite Seereisen.

Vom 9. bis zum 11. Jahrhundert erreichten die Wikinger Orte weitab von ihrer Heimat Skandinavien. Sie durchquerten den Atlantik, das Mittelmeer und die eisige Arktis.

Meriwether Lewis und William Clark bekamen 1803 vom amerikanischen Präsidenten Jefferson den Auftrag, das neu erworbene Territorium Louisiana Richtung Westen bis hin zum Pazifik zu erforschen. Sie fuhren den Fluss Missouri hinauf und erreichten das Gebiet der Mandan. Später stieß ein Jäger mit seiner indianischen Frau Sacajawea zu der Expedition. Sie war es, die die Entdecker nun bis zu den Rocky Mountains führte und für sie übersetzte.

Amundsen, 1872–1928

Der Norweger Roald Amundsen erreichte am 14. Dezember 1911 als Erster den Südpol. Seine Expedition war in der Bucht der Wale aufgebrochen und brauchte zwei Monate bis zum Pol.

Im Dezember 1805 erreichten Lewis und Clark die Pazifikküste und verbrachten dort den Winter.

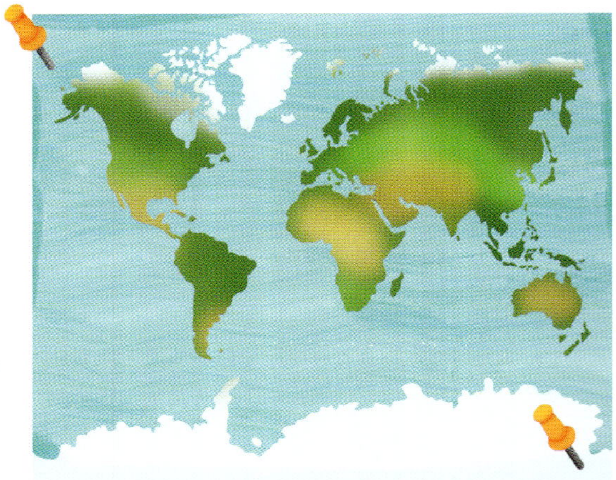

Die Antarktis, der riesige, von Eis bedeckte Kontinent rings um den Südpol, war die letzte große Herausforderung für die Entdecker. Die extreme Kälte und das dicke Eis hatten selbst die Wagemutigsten lange abgeschreckt. Der Engländer Ross segelte als einer der ersten bis an das Packeis der Antarktis heran. Den Pol zu erreichen, war sehr schwer. Der Engländer Robert Scott versuchte, vor Amundsen dort zu sein, wurde aber nur Zweiter und starb mit seinen Leuten auf dem Rückweg.

Livingstone, 1813–1873

David Livingstone wurde 1813 in Schottland geboren. Er war einer der ersten Europäer, der Afrika durchquerte: vom Indischen Ozean bis zum Atlantik. 1852 brach er zu der Reise auf, bei der er die Victoria-Fälle entdecken sollte. Er folgte dem Fluss Sambesi und erreichte sie 1855. Bei seiner Rückkehr nach London wurde er begeistert empfangen.

Stanley, 1841–1904

1866, etwa 25 Jahre nach der ersten Reise, brach Livingstone erneut auf, und zwar um die Quellen des Nil zu finden. Das erwies sich als schwierige Aufgabe, und der Entdecker galt bald als vermisst, vielleicht sogar tot. Henry Stanley wurde losgeschickt, um ihn zu suchen, und fand ihn schließlich in der Nähe des Tanganjika-Sees im Dorf der Ujiji. Livingstone kehrte nicht nach Europa zurück, sondern erforschte Afrika, bis er 1873 an Malaria starb.

Marco Polo, 1254–1324

Marco Polo aus Venedig brach 1271, mit erst 17 Jahren, in Richtung China auf. Nach mehr als drei Jahren abenteuerlicher Reise traf er im Palast von Kublai Khan in Shangdu ein. Die nächsten 20 Jahre arbeitete Polo für den Mongolenherrscher, dann kehrte er zurück. Von seinem unglaublichen Abenteuer berichtet er in dem Buch „Die Wunder der Welt".

Feldfrüchte, die Kolumbus nach Europa brachte

Eigentlich wollte Kolumbus Asien auf dem Seeweg in Richtung Westen erreichen, denn er war überzeugt, dass die Erde rund ist. 1492 stach er in Palos mit drei kleinen Schiffen in See. Als er den Atlantik überquert hatte und auf Land stieß, glaubte er, Indien erreicht zu haben, aber in Wirklichkeit war er in Amerika gelandet.

Kolumbus, 1451–1506

Christoph Kolumbus wurde in Genua geboren, zog aber schon als Kind nach Lissabon, wo er später an Seekarten arbeitete.

Das antike Ägypten

Die Ägypter der Antike glaubten an ein Leben nach dem Tod. Um ins Jenseits zu gelangen, mussten die Körper der Toten auf die richtige Weise behandelt werden. Um die Mumifizierung kümmerten sich die Priester.

Die inneren Organe des verstorbenen Menschen wurden entnommen, dann wurde er zum Trocknen in Natronsalz gelegt. Nach etwa 40 Tagen wurde die Mumie in Bandagen aus Leinen gewickelt. Das Gesicht bedeckte eine Totenmaske. Nun konnte der Körper in einen Sarkophag gelegt und bestattet werden.

Oft wurden die Toten in mehreren Sarkophagen beigesetzt, die ineinander gelegt wurden. Außen und innen waren sie mit Zaubersprüchen und religiösen Zeichen bemalt. Im Inneren lag das Totenbuch mit Zaubersprüchen und Ratschlägen, die den Verstorbenen gegen die Gefahren der Unterwelt helfen sollten.

Zahlreiche kleine Diener-Statuen, die Uschebti, wurden mit ihm begraben, denn im Reich der Toten sollten sie anstelle des Verstorbenen arbeiten.

Einige Tiere wie Stiere und Katzen galten als heilig. Manche wurden sogar nach dem Tod mumifiziert und bestattet.

Der Pharao, der König der Ägypter, galt als Gott. Seine Aufgabe war es, darauf zu achten, dass alles im Land seinen rechten Gang ging. Er war der höchste Priester und der Kommandant der Armee.

Am Königshof gab es viele Feste und Festessen. Dabei traten Tänzerinnen und Tänzer auf, begleitet von Harfenmusik und Rasseln, den sogenannten Sistren.

Der Pharao hatte eine enorme Macht. Als Zeichen dafür wurde er mit einem Zepter in der Hand abgebildet. Sein oberster Beamter war der Wesir, der über den Ministern stand. Die Schreiber, die die Hieroglyphen beherrschten, mussten alles aufschreiben, was im Königreich vor sich ging.

Leben im alten Rom

Die Stadthäuser der reichen römischen Familien hießen *domus*, die Landhäuser *villa*. Beide sollten den Reichtum und die Macht der Besitzer zur Schau stellen. Im Inneren waren die Räume rings um einen Hof und einen Garten angeordnet.

Der Innenhof wurde *atrium* genannt. In seiner Mitte lag ein Wasserbecken, das *impluvium*. Ein Gang führte zum *tablinum*, dem Raum, in dem wichtige Gäste empfangen wurden. An diesem Gang lagen auch die Schlafzimmer, während das *triclinium*, das Speisezimmer, an den Garten grenzte.

Die Außenmauern waren schmucklos und hatten kaum Fenster.

Die mächtige Armee spielte eine wichtige Rolle für die Ausdehnung des Römischen Reichs. Mehr als 60 Legionen waren in allen Ländern des Imperiums stationiert und sicherten die Grenzen. Eine Legion bestand aus rund 5.000 sehr gut ausgebildeten Fußsoldaten und Reitern.

Für das Leben der Römer spielte ihre Stellung in der Gesellschaft eine große Rolle. Jungen Männern der Oberschicht stand eine Karriere in der Politik, im Rechtssystem oder in der Armee bevor. Die einfachen Bürger betrieben Handel oder ein Handwerk. Die anstrengendsten Arbeiten wurden von Sklaven ausgeführt. Viele waren Kriegsgefangene mit wenigen Rechten. Doch manche wurden auch irgendwann freigelassen.

Die ärmsten Menschen lebten in den oberen Stockwerken der Mietshäuser. Weil mit Kohlenpfannen geheizt und am offenen Feuer gekocht wurde, brachen oft Brände aus. Manche verwüsteten ganze Stadtteile von Rom. Die Straßen waren stets voller Menschen, und nachts fuhren die Wagen vorbei, die die Märkte der Stadt belieferten.

Im alten Rom achtete man sehr auf den Körper und die Hygiene. Regelmäßig besuchte man Bäder, die es selbst in den entlegenen Ecken des Reichs gab. Es waren große Gebäude mit heißen und kalten Becken, wo man den Körper pflegen und behandeln lassen konnte. Überall konnte man außerdem Sport treiben, sich massieren lassen, Ball spielen oder sich entspannen.

Leben auf der Burg

Eine Burg war der Sitz eines Königs oder mächtigen Ritters. An manchen Burgen wurde 20 Jahre lang gebaut.

In Kriegszeiten wurde die Besatzung durch zahlreiche Bogen- und Armbrust-Schützen verstärkt.

Anlässlich von Festen und anderen großen Ereignissen richteten die Burgherrn Turniere aus. Dabei forderten die Ritter einander im Lanzenstechen (Tjost) heraus, um ihren Kampfesmut zu beweisen. Die Kämpfe waren anfangs noch sehr grausam, weil echte Waffen benutzt wurden.
Oft musste der Verlierer dem Sieger sein Pferd und seine Waffen überlassen.

Mit der Zeit wurden die Turniere weniger brutal. Die Ritter fochten nun um die Ehre und die Bewunderung der Damen.
Jetzt galten genaue Regeln für das Verhalten im Kampf.

Bei der Tjost ritten die Kämpfer aufeinander zu und versuchten einander mit einer hölzernen Lanze aus dem Sattel zu stoßen.

Aus dem Schutz der Zinnen konnten Bogenschützen auf die Angreifer schießen.

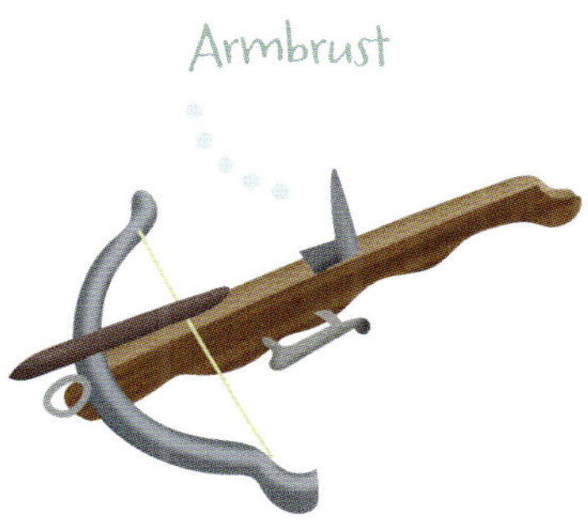

Die Armbrust war eine tödliche Waffe. Die Spitzen ihrer Pfeile waren aus Eisen und konnten selbst die dickste Rüstung durchbohren.

Das Eingangstor war sehr stabil und außerdem durch ein Fallgitter gesichert. Die Zugbrücke über den Graben konnte hochgezogen werden, damit Feinde nicht in die Burg gelangen konnten.

Die Könige und Fürsten hatten überall in ihrem Land Burgen. Um ihren Besitz besser zu überwachen, reisten sie häufig von einer zur anderen.
Dabei wurde sie von der ganzen Familie, den Rittern des Hofs, den Kämpfern und der Dienerschaft begleitet.

Die Piraten

Kapitän

Händler, die vor 300 Jahren übers Meer fuhren, mussten Angriffe von Seeräubern fürchten. Diese segelten auf allen Ozeanen, enterten Schiffe und raubten sie aus. Manche Piraten waren so gefürchtet, dass wir sie bis heute kennen. Der schreckliche Captain Blackbeard flocht sich rauchende Zündschnüre in den Bart, um seine Feinde zu erschrecken.

Beute

Wovon träumten Piraten? Sie wollten auf See reiche Beute machen – Gold, Silber, Münzen und Edelsteine.
Auch die Waren der Handelsschiffe waren wertvoll, denn Gewürze oder Zucker ließen sich gut verkaufen. Waffen, Werkzeuge, Seile und Segel konnten die Piraten selbst benutzen. Manchmal übernahmen sie sogar einfach das ganze Schiff.

Kanone

Waffen

Die Piraten trennten sich nie von ihren Waffen. Sie besaßen Säbel, Messer und Musketen (frühe Gewehre). An Bord hatten sie schwere Kanonen, die gegnerische Schiffe beschädigen konnten. Unter Deck lagerte das Schießpulver.

Zwieback

Das Essen an Bord bot wenig Abwechslung.

Die Piraten aßen Zwieback, in dem oft schon Maden hausten, und sie fingen Fisch. Aus Mangel an Vitaminen fielen ihnen oft Zähne aus.

Nur selten konnten sie Beute machen, und das Seeräuberleben war hart und eintönig. Wenn kein Wind in die Segel blies, fingen manche aus Langeweile Streit an. Da beschäftigte man sie besser – und ließ sie zum Beispiel das Deck schrubben.

Der Kapitän führte ein Logbuch, in dem jeden Tag die Route des Schiffs und die Menge der Vorräte eingetragen wurden.

Wanten

Gallionsfigur

Die Piratenflagge – der „Jolly Roger" – jagte Seeleuten große Angst ein. Die schwarze oder rote Fahne zeigte einen Totenschädel, Säbel oder Knochen.

Wenn die Piraten ein Schiff einholten, warfen sie Seile mit Eisenhaken hinüber, die sich in Reling und Wanten verfingen. Damit zogen sie es heran und enterten es.

Das Schiff wurde mit einem großen hölzernen Ruder gesteuert und vom Wind angetrieben, der in die riesigen Segel aus Leinen blies.

Die Piraten hatten oft kleine, schnelle Schiffe, die auch einer riesigen Galeone entkommen konnten.

Antike Mythologie

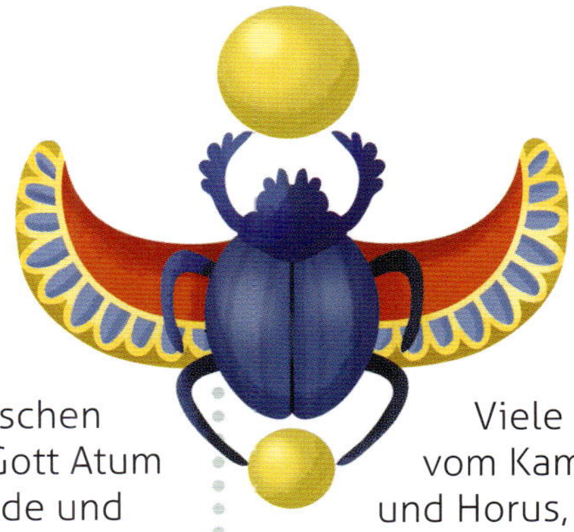

Die alten Ägypter hatten zahlreiche Götter. Viele wurden mit Menschenkörper und dem Kopf eines Tiers dargestellt. Sie hatten Eigenschaften, die man diesen Tieren zuschreibt, wie Kraft oder Klugheit.

Dem bekanntesten ägyptischen Mythos zufolge, erschuf der Gott Atum sich selbst und dann die Erde und den Himmel. Von ihm stammen alle anderen Gottheiten ab: zum Beispiel Osiris, der Gott des Todes und der Auferstehung, und außerdem Isis, ihr Sohn Horus sowie Seth, der Gott des Chaos. Diese Gottheiten wurden in ganz Ägypten verehrt, weil das Gute in der Welt von ihnen abhing.

Viele Mythen handeln vom Kampf zwischen Seth und Horus, zwischen Gut und Böse. Seth, der Onkel des Horus, hat dessen Vater Osiris getötet und die Gliedmaßen in ganz Ägypten verteilt. Isis, die Mutter des Horus und Frau von Osiris, schafft es, dessen Körper wieder zusammenzusetzen. Und ihrem Sohn Horus hilft sie nach langem Kampf Seth zu besiegen.

Die Griechen stellten sich Götter vor, die wie Menschen aussahen und ähnliche Eigenschaften und Angewohnheiten hatten. Sie lebten auf dem Berg Olymp, wo sie sich von Nektar und Ambrosia ernährten. Ständig waren sie im Streit miteinander. Und wenn zwei Helden auf der Erde miteinander stritten, hielten die Götter zu dem einen oder dem anderen. Ebenso war es bei verfeindeten Heeren. Daher beteten die Griechen zu ihren vielen Gottheiten und brachten ihnen Opfer, damit diese sie schützten.

Zeus war der König des Olymps und Vater aller Götter und Menschen. Seine Gemahlin hieß Hera. Sie war die Schutzgöttin der Frauen. Der junge, starke Apollo war der Gott der Dichtkunst, während Athene, die aus dem Kopf des Zeus geboren worden war, die Weisheit verkörperte. Poseidon war der Meeres- und Ares der Kriegsgott.

Die Götter hatten enorme Macht, mussten sich aber selbst dem Schicksal fügen, das die Welt beherrschte. Sie waren riesengroß und unsterblich. Sie herrschten über die Menschen, während diese sie verehrten und versuchten, sie gütig zu stimmen.

Die Römer übernahmen viele der griechischen Götter mit ihren Eigenschaften, gaben ihnen aber andere Namen (hier in Klammern).

Nach der Mythologie der Wikinger stand in der Mitte des Weltalls eine Esche namens Yggdrasil, ein Baum, der die neun Welten trug. Dieser Baum hatte drei große Wurzeln: Die erste reichte bis nach Asgard, wo die Götter lebten, die zweite ins Land der Riesen und die dritte in Reich des Eises.

Die Götter überquerten die Regenbogenbrücke und versammelten sich jeden Tag unter Yggdrasil. Es war die Aufgabe der drei Nornen (Schicksalsgöttinnen), gehüllt in graue Umhänge, die Wurzeln vor dem geflügelten Drachen Nithog zu bewachen, der versuchte, sie zu fressen.

Odin war der Hauptgott und der Vater der nordischen Götter. Thor, bewaffnet mit seinem berühmten Hammer, war beliebt, weil er Kraft verkörperte. Die wichtigste Göttin hieß Freya.

Die ursprünglichen Bewohner Amerikas (Native Americans), früher oft nur Indianer genannt, teilen sich in zahlreiche Völker auf. Gemeinsam ist ihnen die Vorstellung, dass überall in der Natur (in Menschen, Tieren, Pflanzen und Steinen) eine geheimnisvolle Kraft wohnt, die andere Lebewesen beeinflussen kann. Menschen können nur die geringsten dieser Mächte kontrollieren und müssen daher alles tun, um die höheren Geister gnädig zu stimmen. Verehrt wurden nicht nur die Mächte des Himmels, sondern auch Erde, Wasser, Feuer und Luft.

Jede Gruppe hat eigene Vorstellungen. Die Sioux zum Beispiel kennen zwei Sorten Wassergeister: eine Art für fließende Gewässer und eine für Grundwasser. Die ersten haben männliche, die zweiten weibliche Eigenschaften, aber man erzählt auch, dass sie gemeinsam ein vielköpfiges Ungeheuer bilden, das die Erde stützt. Der Donner, der wichtigste der Luftgeister, ist in ihrer Vorstellung die Stimme des Großen Geistes, der durch die Wolken spricht. Er hat die Gestalt eines großen Vogels, den mehrere kleine Vögel begleiten, und sein Flügelschlag verursacht das Rumpeln, das man nach jedem Blitz aus der Entfernung hören kann.

Helle Köpfe

Galileo Galilei, 1564–1642

Der italienische Astronom, Physiker und Mathematiker gehörte zu den ersten, die die Natur und ihre Gesetze durch wissenschaftliche Experimente erforschten. Er vertrat die Meinung, dass sich die Erde um die Sonne dreht, und wurde deshalb verhört und von der katholischen Kirche verurteilt. Deshalb musste er seine astronomischen Erkenntnisse widerrufen.

Isaac Newton, 1642–1727

Der Engländer Newton war Mathematiker, Physiker und Philosoph und einer der größten Denker aller Zeiten. Er ist bekannt für die Theorie, dass auf der ganzen Welt die Schwerkraft herrscht. Sie erklärt, warum Sterne und Planeten sich gegenseitig anziehen.

Marie Curie, 1867–1934

Die in Warschau geborene polnische Wissenschaftlerin gilt als die Begründerin der modernen Physik. Sie war die erste Frau die gleich zweimal den Nobelpreis bekam. Den ersten erhielt sie 1903 im Fach Physik zusammen mit ihrem Mann Pierre Curie für ihre Erforschung der Radioaktivität. 1911 bekam sie als Entdeckerin der Elemente Radium und Polonium den Preis für Chemie.

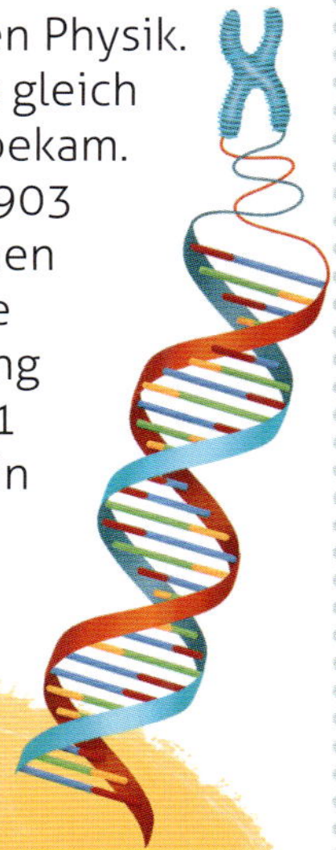

Francis Crick, 1916–2004 und James Watson, *1928

Diese beiden Forscher erhielten 1962 den Nobelpreis für Medizin für ihre Entdeckung der Struktur der DNA. Sie ist für uns von großer Bedeutung, weil wir jetzt besser verstehen, wie das Molekül funktioniert, in dem sich der Bauplan für alle Lebewesen versteckt.

Louis Pasteur, 1822–1895

Dieser große französische Wissenschaftler begründete die Mikrobiologie. Er erforschte gefährliche Krankheitserreger, zum Beispiel die Viren, die Cholera, Milzbrand oder Tollwut auslösen. Außerdem erfand er ein Verfahren, mit dem man die Krankheitskeime in vielen Lebensmitteln abtöten kann.

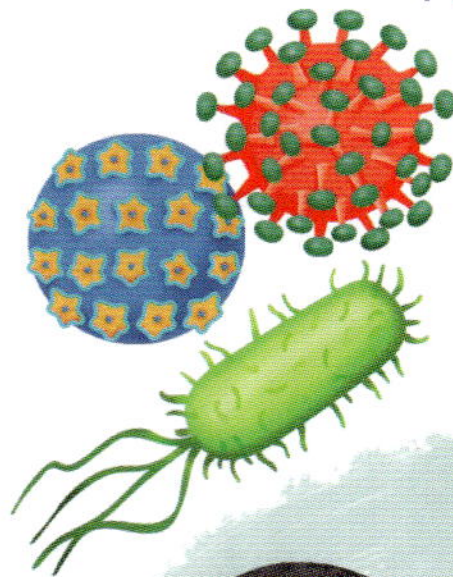

Der Physiker Albert Einstein, geboren in Deutschland, gilt als eines der größten Genies des 20. Jahrhunderts. Mit 26 Jahren schrieb er wissenschaftliche Aufsätze, in denen er schon Grundlagen seiner berühmten Relativitätstheorie erklärt, die er gut zehn Jahre später abschloss. Für diese Theorie erhielt er 1921 den Physik-Nobelpreis.

Albert Einstein, 1879–1955

George Stephenson, 1781–1848

Dieser britische Ingenieur entwickelte die historische Lokomotive „Rocket", die er gemeinsam mit seinem Sohn Robert baute. Mit ihr gewann er das Rennen auf der Schienenstrecke zwischen Liverpool und Manchester und wurde der berühmteste Dampfmaschinenbauer seiner Zeit.

Charles Darwin, 1809–1882

Auf einer Reise um die Welt sammelte dieser englische Naturforscher und Biologe viel Material für seine Arbeit. Zu Hause studierte er diese Funde jahrelang und formulierte seine Theorie über die Entwicklung der Tierarten.

Jane Goodall, *1934

Diese englische Wissenschaftlerin erforschte Schimpansen und entdeckte, dass sie typisch menschliche Verhaltensweisen zeigen.

Dian Fossey, 1932–1985

Nachdem sie lange Zeit Gorillas erforscht hatte, wurde diese amerikanische Zoologin ermordet. Sie hatte für den Schutz der Menschenaffen vor Wilderern gekämpft.

Greta Thunberg, *2003

Die Schwedin ist die Vorkämpferin der Aktivisten, die sich für den Schutz der Natur vor dem Klimawandel einsetzen.

Stephen Hawking, 1942–2018

Der englische Weltraumforscher, Mathematiker und Physiker erforschte jahrzehntelang Schwarze Löcher und war ein bedeutender Experte für dieses Thema. Obwohl er durch eine schlimme Krankheit gelähmt war, arbeitete er lange als Mathematikprofessor an der Universität Cambridge.

Nikola Tesla, 1856–1943

Dieser Erfinder und Ingenieur stammte aus einer serbischen Familie und machte bedeutende Entdeckungen auf dem Gebiet des Elektromagnetismus. Er entwickelte eine neue Art des elektrischen Stroms, die wichtig für die Industrie im 20. Jahrhundert war.

Neues Leben entsteht

Das Leben eines Menschen beginnt, wenn eine weibliche Eizelle von einem Spermium befruchtet wird.

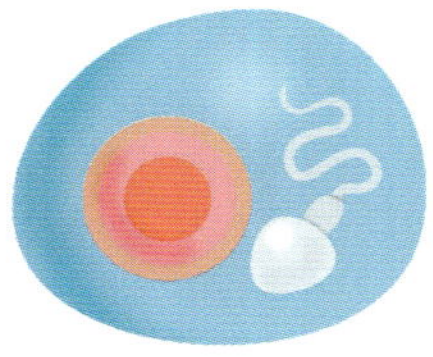

Eizelle und Spermium

Eizellen werden in den Eierstöcken der Frau gebildet, Spermien in den Hoden des Mannes. Jeden Monat reift in den Eierstöcken ein Ei heran und ist damit bereit, befruchtet zu werden.

Wenn beide miteinander schlafen, gelangen Spermien des Mannes in den Körper der Frau. Sie wandern zur Eizelle, um sie zu befruchten.

Mit einem einfachen Test kann eine Frau feststellen, ob sie schwanger ist, lange bevor der Bauch dicker wird.

Etwa eine Woche, nachdem Spermium und Eizelle verschmolzen sind, nistet sich das Ei in der Gebärmutter ein.

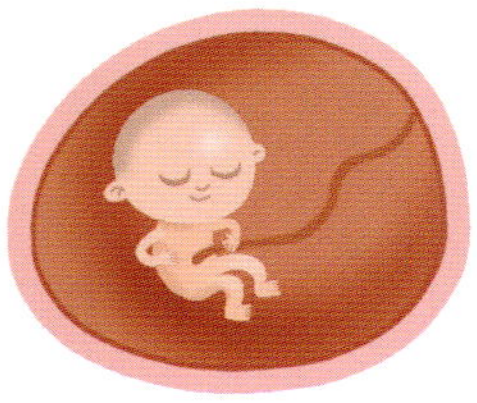

Fötus im dritten Monat

Etwa in der achten Woche ist aus dem Embryo ein Fötus geworden. Die meisten Organe arbeiten bereits.

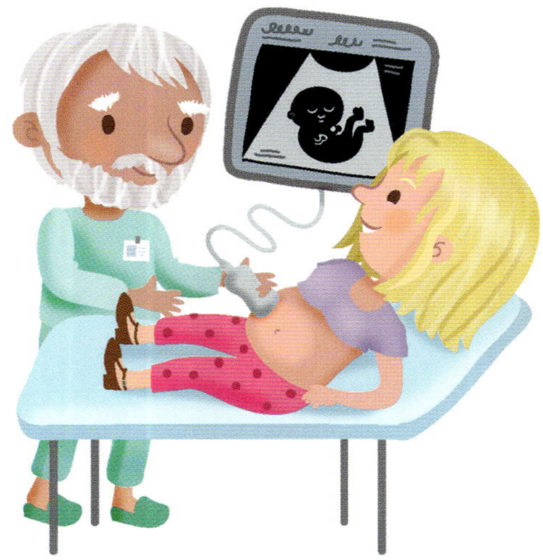

Die Entwicklung des Fötus kann mit einer einfachen Untersuchung per Ultraschall überwacht werden.

Regelmäßig wird das Gewicht der Mutter überprüft, damit sie nicht zu viel und nicht zu wenig zunimmt.

Am Beginn der Schwangerschaft, hat der Fötus noch viel Platz, um sich zu bewegen.

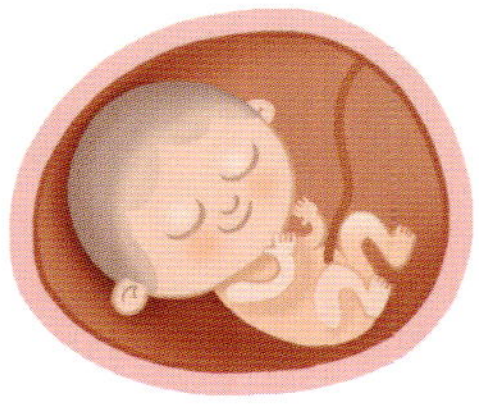

Fötus im neunten Monat

Etwa im sechsten Monat ist der Fötus ganz ausgebildet. In den nächsten drei Monaten wird er ungefähr 50 Zentimeter groß, und seine Lungen könnten atmen.

Zur Vorbereitung auf die Geburt besuchen werdende Mütter Kurse, bei denen sie eine besondere Gymnastik und Atemübungen lernen.

Schon im Bauch der Mutter reagiert der Fötus auf Geräusche und Musik von außen.

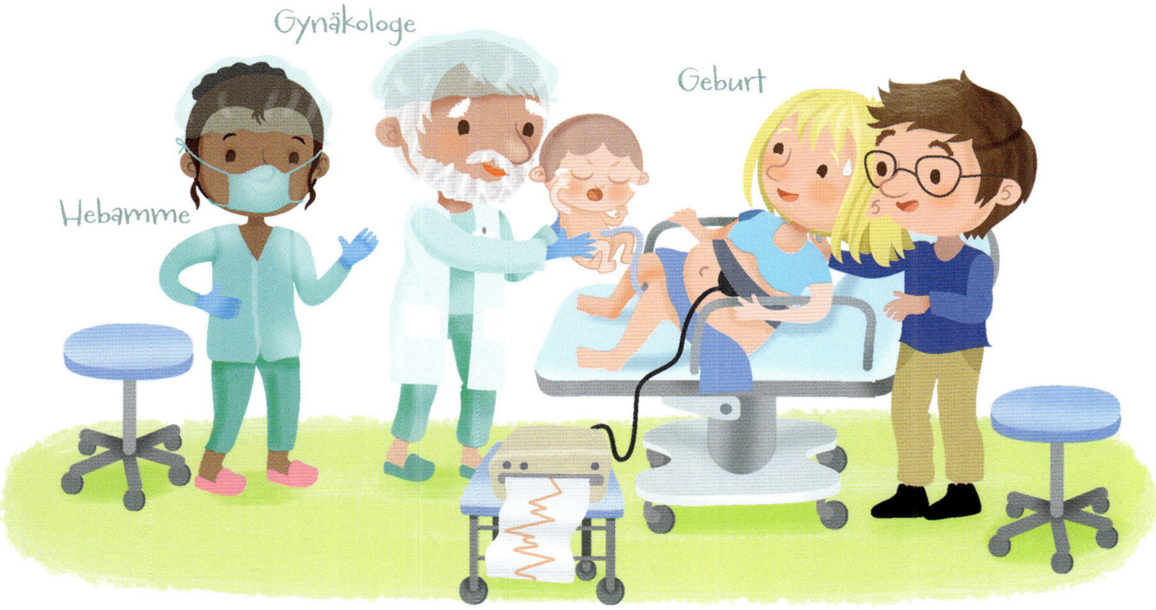

Bei der Geburt verlässt das neugeborene Kind den Körper der Mutter. Das geschieht meistens neun Monate nach der Befruchtung.

Manchmal werden Babys zu früh geboren, und ihre Organe sind noch nicht ganz fertig. Dann müssen sie nach der Geburt einige Zeit in einem sogenannten Brutkasten liegen.

Im Bauch der Mutter ist der Fötus von der Fruchtblase umgeben. Daneben liegt die Plazenta. Mit ihr ist das Kind durch die Nabelschnur verbunden. Auf diesem Weg wird es mit Sauerstoff und Nahrung versorgt.

Kurz vor der Geburt platzt die Fruchtblase, die mit Fruchtwasser gefüllt ist. Das Kind macht sich auf den Weg und wird hinausgedrückt, weil sich die Muskeln der Gebärmutter zusammenziehen. In der Regel erscheint zuerst der Kopf. Wenn die Füße oder der Po als Erstes herauskommen, wird es etwas komplizierter.

Wenn ein Embryo entsteht, indem Ei und Spermium verschmelzen, mischen sich die Gene der beiden. Die erste Zelle des Babys erhält die Hälfte ihres „Bauplans" vom Vater und die andere Hälfte von der Mutter. Deshalb sieht es später ein bisschen aus wie seine Eltern.

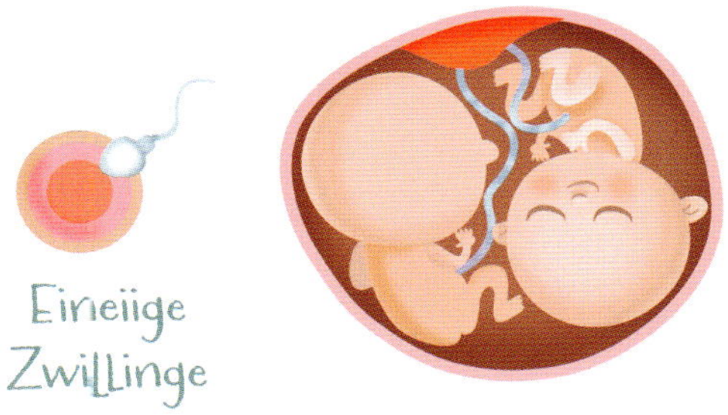

Manchmal teilt sich die Eizelle nach der Befruchtung, und es entstehen zwei Embryos. Dann werden später zwei völlig gleiche Babys geboren.

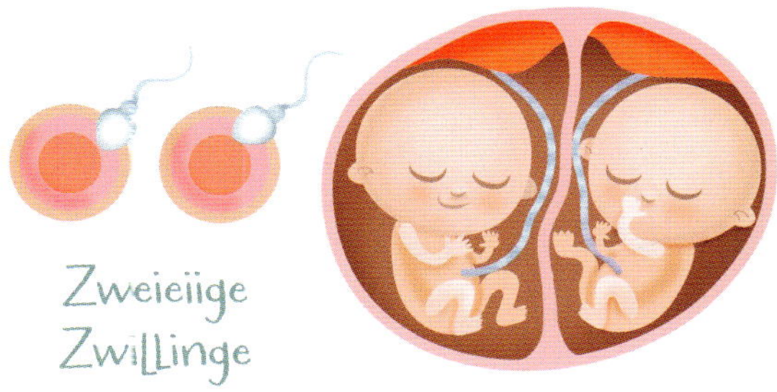

Werden gleichzeitig zwei Eizellen durch zwei Spermien befruchtet, kommen auch Zwillinge zur Welt. Sie sehen sich aber nur so ähnlich wie normale Geschwister.

Muttermilch ist die beste Nahrung für das Baby. Kinder, die gestillt werden, werden leichter kräftig und bleiben gesund, und auch der Mutter tut es gut.

Herz, Lunge und Zellen

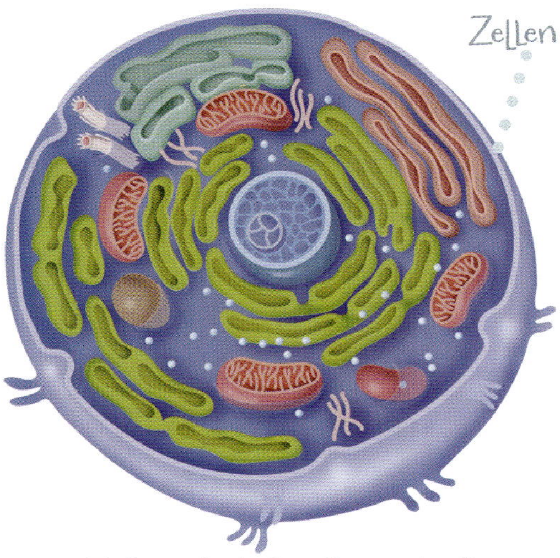

Zellen sind die „Bausteine“, aus denen der Mensch zusammengesetzt ist. Sie sind zwar sehr klein, enthalten aber alle Informationen, die man zum Wachsen und zur Vermehrung braucht.

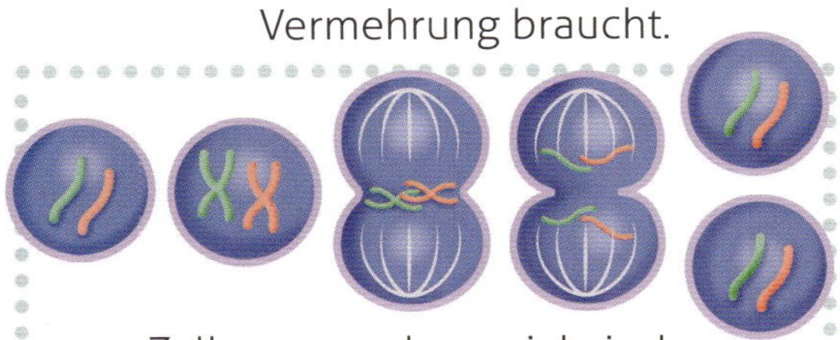

Zellen vermehren sich, indem sie sich teilen. Vor der Teilung werden die Chromosomen in ihrem Inneren kopiert. Sie enthalten den „Bauplan“ aller Zellen.

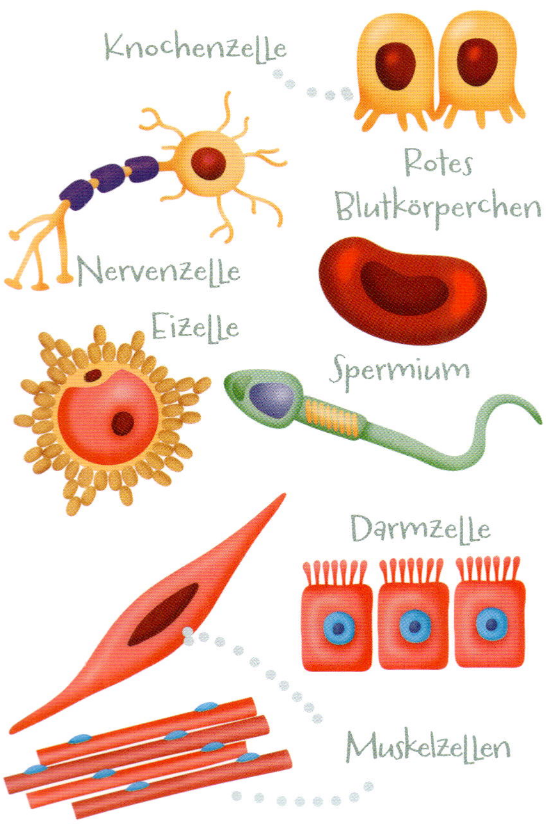

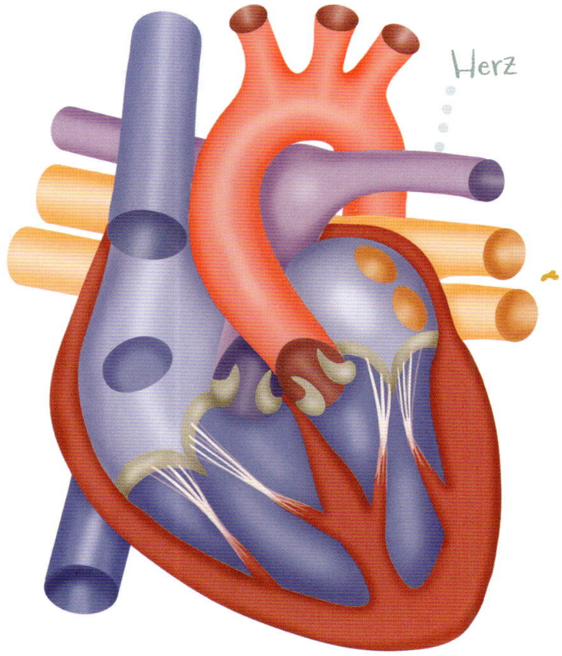

Das Herz ist ein Muskel, der den Blutkreislauf antreibt. Es hat zwei Seiten, die jeweils aus Herzkammer und Vorhof bestehen. Die linke Seite empfängt sauerstoffreiches Blut aus der Lunge und verteilt es im Körper, die rechte pumpt sauerstoffarmes Blut aus dem Körper zur Lunge.

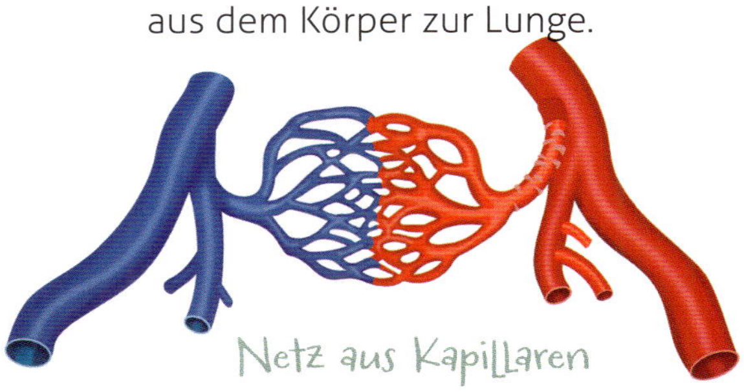

Vom Herz gehen breite Adern aus, die Arterien heißen. In ihnen fließt sauerstoffreiches Blut, das durch ein Netz feinster Kapillaren alle Zellen erreicht. Den Rückweg bilden Venen, die mit dem Blut Kohlendioxid zur Lunge transportieren.

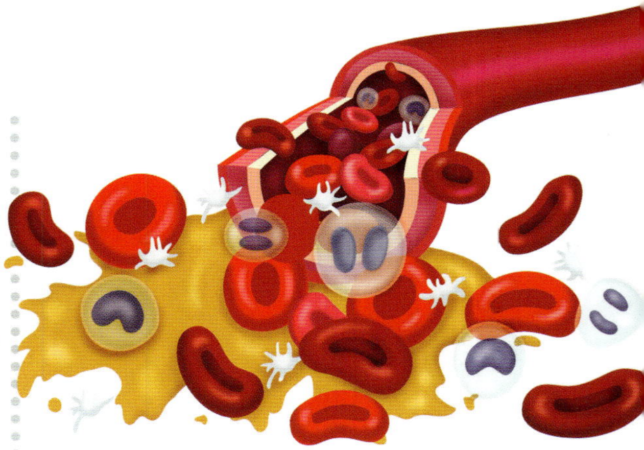

Das Blut besteht zu mehr als der Hälfte aus Blutplasma. Das ist eine wässrige Flüssigkeit, in der Abfallprodukte, Nährstoffe und Hormone gelöst sind. Der Rest besteht aus roten und ganz wenigen weißen Blutkörperchen.

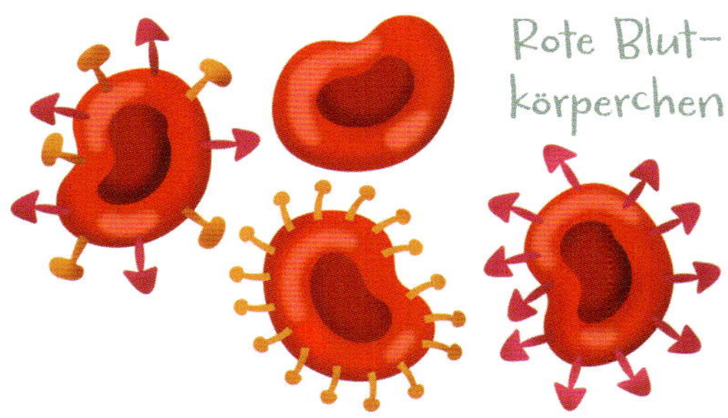

Rote Blutkörperchen erkennt man gut an der Vertiefung in ihrer Mitte. Sie haben keinen Zellkern und enthalten viel Hämoglobin. Das ist ein roter Farbstoff, der in den Lungen Sauerstoff aufnimmt und zu den Zellen bringt.

Wenn Blut aus einer Wunde fließt, verkleben die darin enthaltenen Blutplättchen und bilden eine Kruste. Sie verschließt die beschädigte Haut.

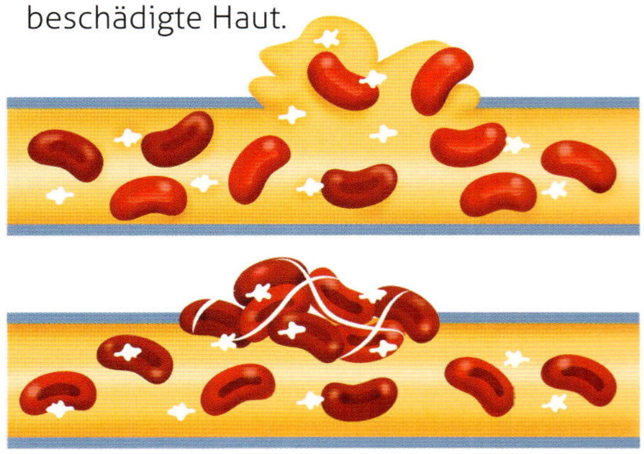

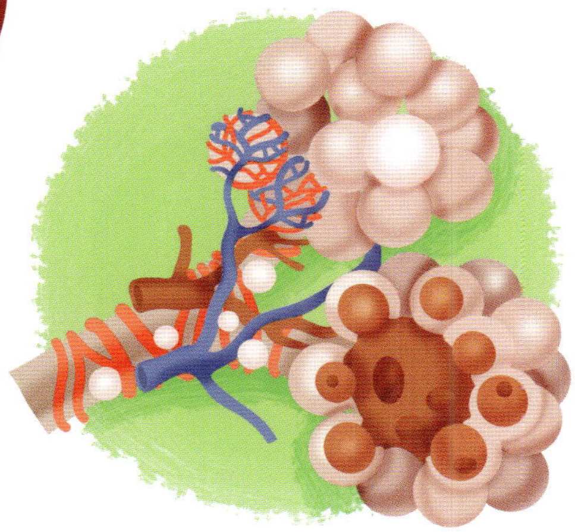

In der Lunge gibt es viele winzige Bläschen, die man Alveolen nennt. Das Blut bringt Kohlendioxid aus den Zellen hierher, wo es gegen Sauerstoff aus der Luft ausgetauscht wird.

Etwa fünfzehnmal pro Minute atmen wir Luft in die Lungen und wieder aus. Wenn wir uns bewegen, atmen wir häufiger.

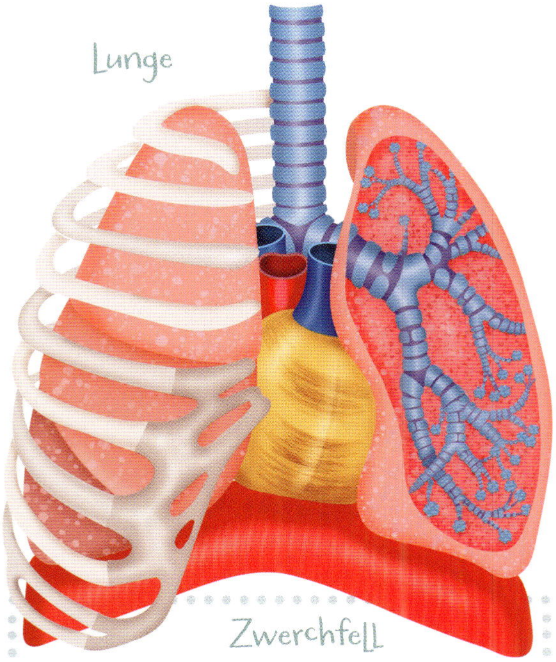

Die Lungen versorgen die Zellen des Körpers mit Sauerstoff. Den brauchen sie, um zu funktionieren. Dabei geben sie Kohlendioxid ab. Wenn wir einatmen, zieht sich ein Muskel zusammen, der Zwerchfell heißt.

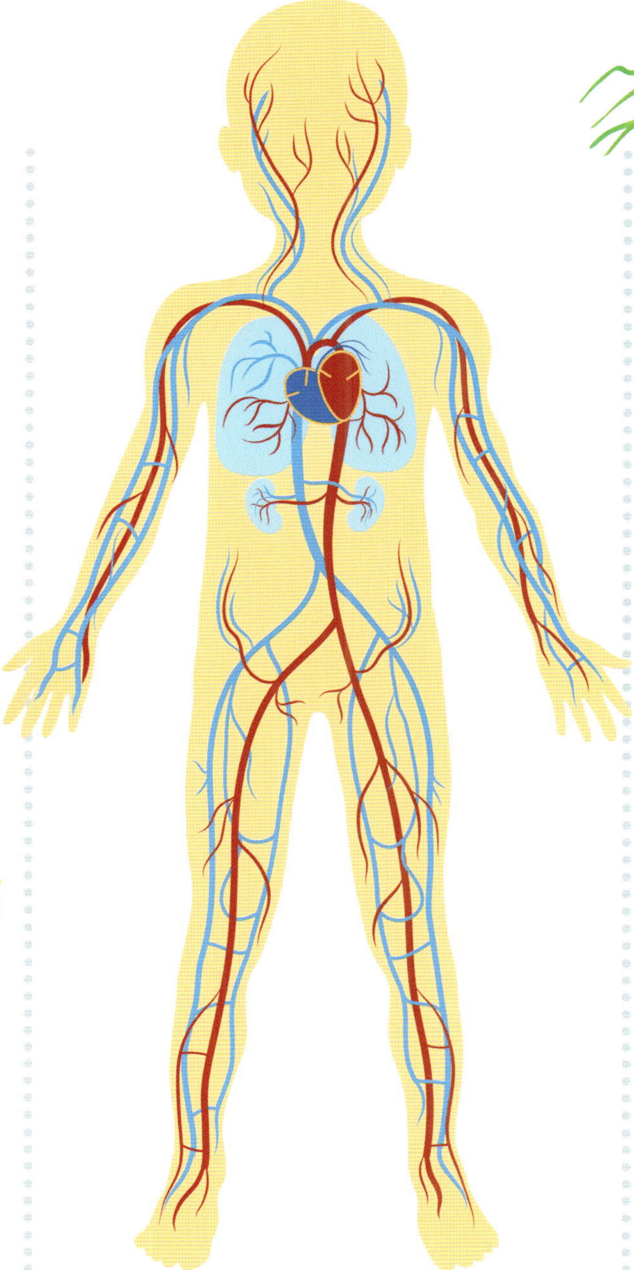

Das Blutgefäßsystem ist ein weites Netz aus Arterien und Venen, die unterschiedlich dick sind. Zusammen sind alle Adern eines Menschen fast 100.000 Kilometer lang.

Wenn wir uns regelmäßig bewegen, bleiben wir fit und werden nicht zu schwer, was unserem Körper gut tut.

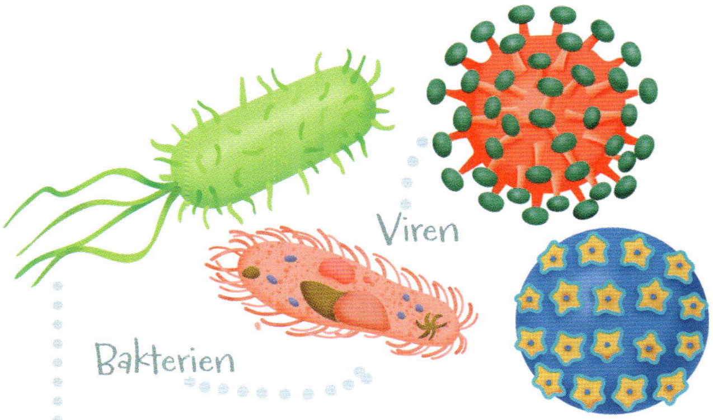

Die wichtigsten Krankheitserreger sind Viren und Bakterien. Viren sind sehr klein und schädigen den Körper, doch nicht alle Bakterien machen uns krank.

Bei einer Infektion mit Krankheitserregern hebt das Immunsystem zur Verteidigung die Körpertemperatur an.

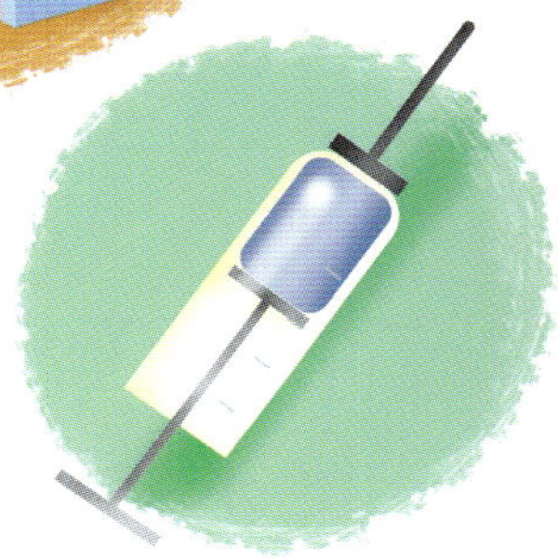

Die beiden Nieren filtern ständig Abfallstoffe aus unserem Blut, die mit dem Urin ausgeschieden werden.

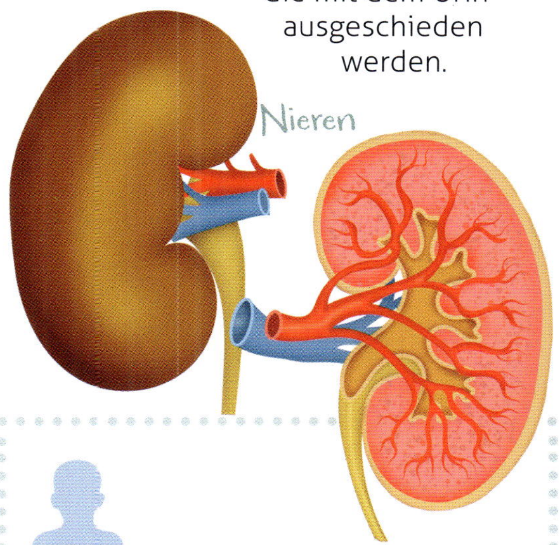

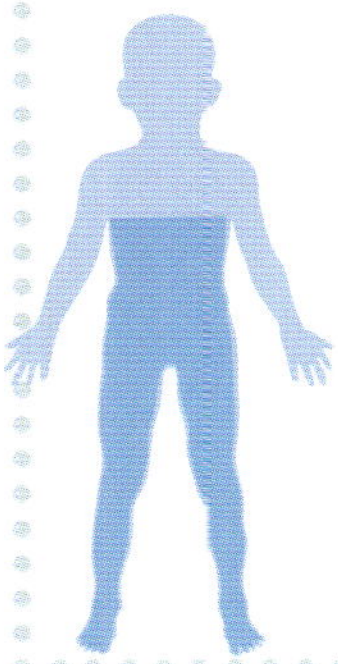

Unser Körper besteht vor allem aus Wasser. Es macht 60 Prozent des Körpergewichts aus.

Gehirn, Muskeln und Skelett

Die Muskeln, die unseren Körper bewegen, werden direkt vom Gehirn gesteuert. Sie bilden die Skelettmuskulatur und sind innen genau gleich aufgebaut:

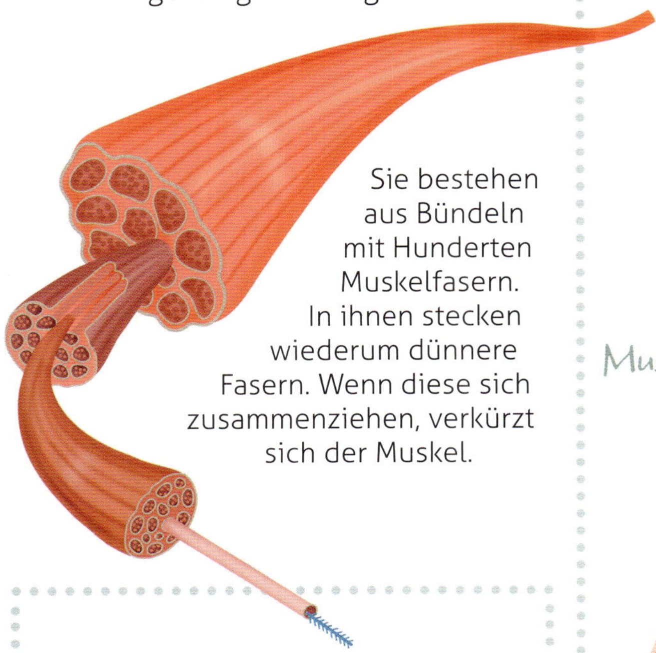

Sie bestehen aus Bündeln mit Hunderten Muskelfasern. In ihnen stecken wiederum dünnere Fasern. Wenn diese sich zusammenziehen, verkürzt sich der Muskel.

Der Name jedes Skelettmuskels leitet sich entweder von seiner Form ab oder von der Bewegung, die er möglich macht.

Skelettmuskel

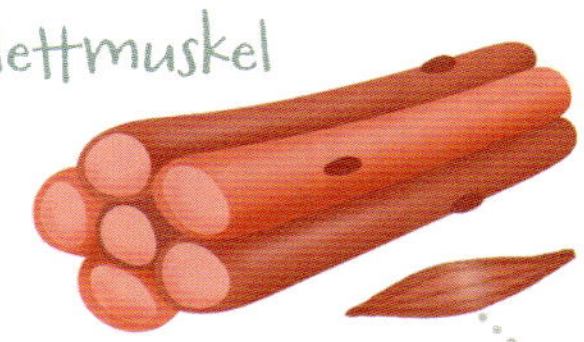

Die Herzmuskeln ziehen sich ohne Befehle des Gehirns zusammen.

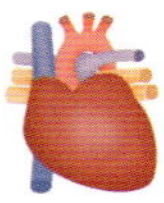

Herzmuskel

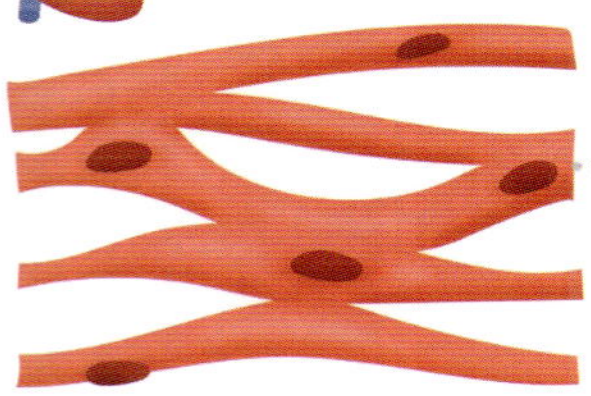

Glatte Muskulatur umgibt manche inneren Organe, zum Beispiel den Magen. Deshalb kann er sich zusammenziehen.

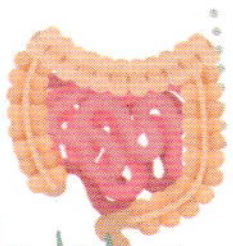

Glatte Muskulatur

Durch regelmäßige Bewegung werden unsere Muskeln stärker und sind vor Verletzungen geschützt. Außerdem fühlt sich unser Körper dann wohler.

Das Muskelsystem

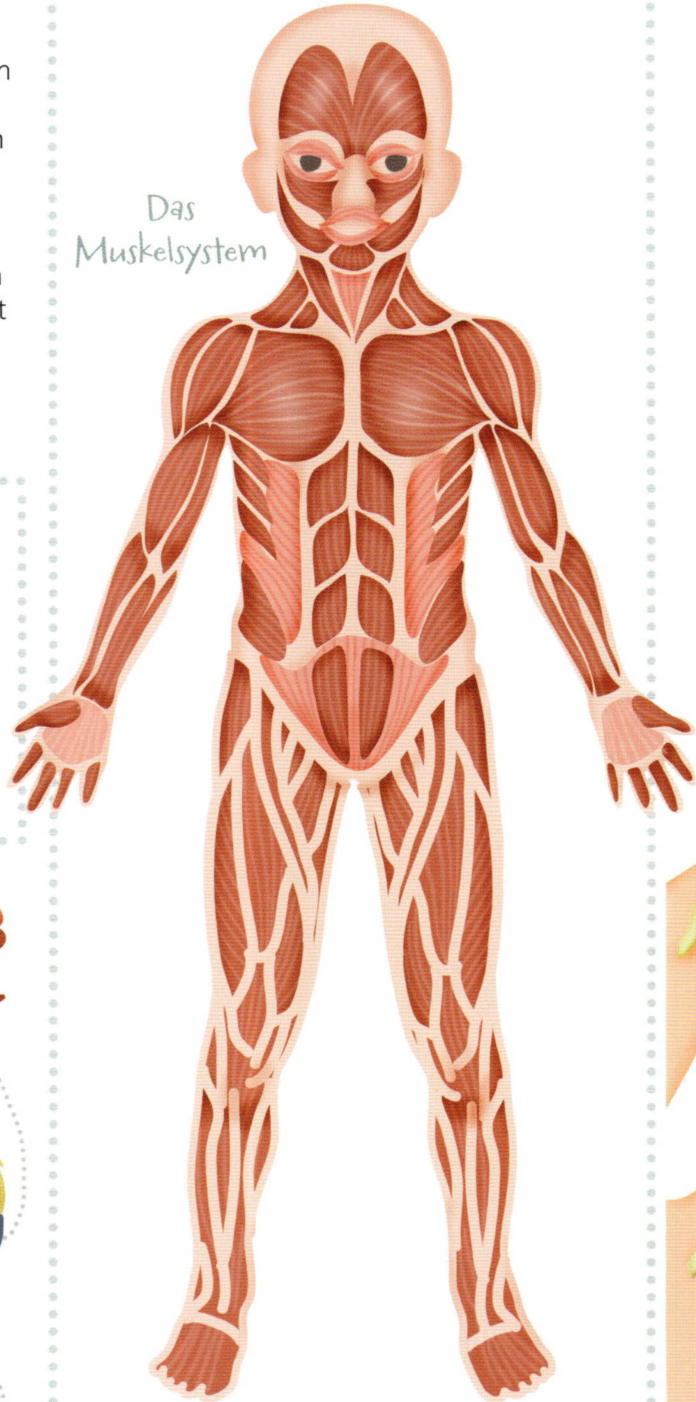

Fast die Hälfte unseres Körpergewichts entfällt auf die Muskulatur. Insgesamt gibt es rund 650 kleine und große Muskeln. Viele sind dazu da, die Knochen unseres Skeletts zu bewegen.

Ungefähr 30 verschiedene Muskeln steuern unseren Gesichtsausdruck. Jeder Muskel bewegt unsere Haut, je nachdem, wie wir uns fühlen.

Wenn wir uns vor dem Sport nicht aufwärmen, können wir schmerzhafte Krämpfe bekommen.

Muskeln können sich zwar zusammenziehen, aber nicht von allein wieder strecken. Sie können daher zwei Körperteile näher zusammenbringen, sie aber nicht in die andere Richtung schieben.

Trizeps

Zieht der Trizeps sich zusammen, wird der Unterarm gestreckt.

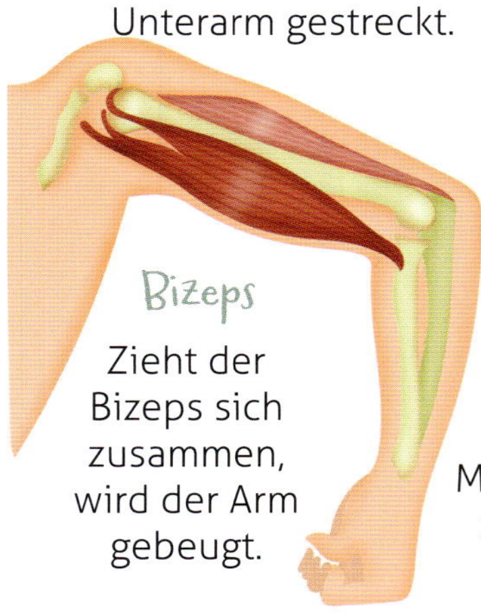

Bizeps

Zieht der Bizeps sich zusammen, wird der Arm gebeugt.

Um den Arm zu bewegen, braucht es also zwei Muskeln, die in zwei Richtungen arbeiten.

Querschnitt durch einen Knochen

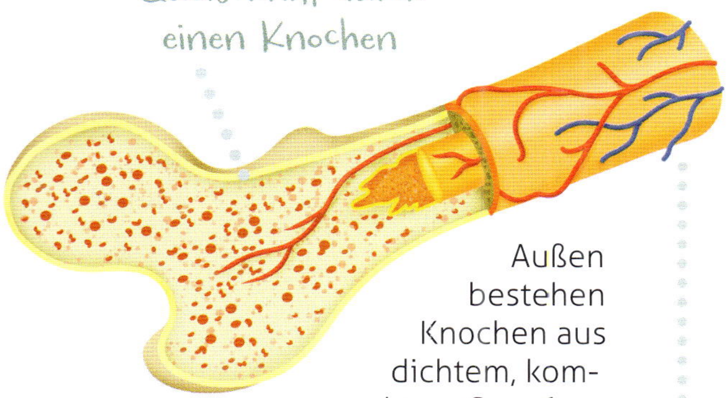

Außen bestehen Knochen aus dichtem, kompaktem Gewebe. Darunter liegt eine leichtere, schwammartige Struktur. Dadurch sind Knochen elastisch und zugleich stabil. Ganz im Inneren liegt das Mark.

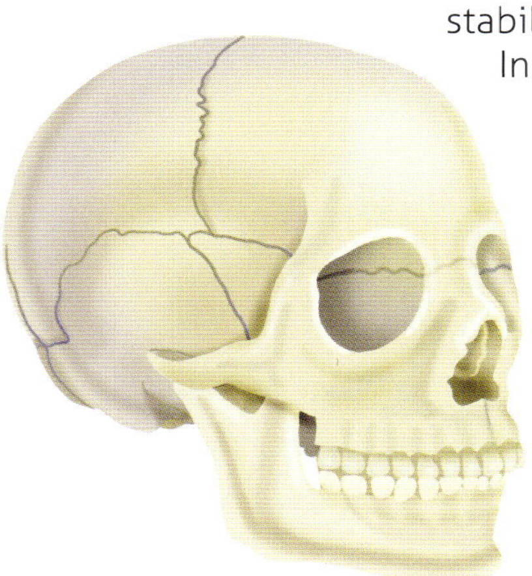

Schädel

Der Schädel umfasst und schützt das Gehirn wie eine harte Schale. Er besteht aus 22 Knochen; 21 sind fest miteinander verbunden. Die Ausnahme ist der Unterkiefer.

Bei manchen Sportarten schützen wir den Kopf besser mit einem Helm. So werden schlimme Verletzungen vermieden, falls wir stürzen.

Das Skelett ist zwar unter Haut und Muskeln verborgen, aber in Röntgenbildern kann man es sichtbar machen. Durch eine solche Untersuchung kann man überprüfen, ob man gesund ist.

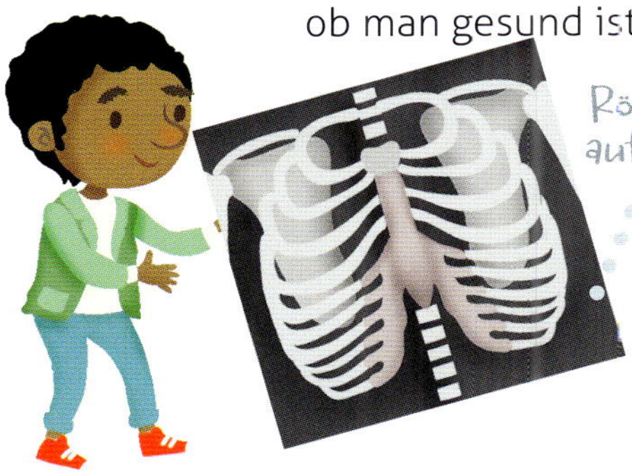

Röntgenaufnahme

Skelett

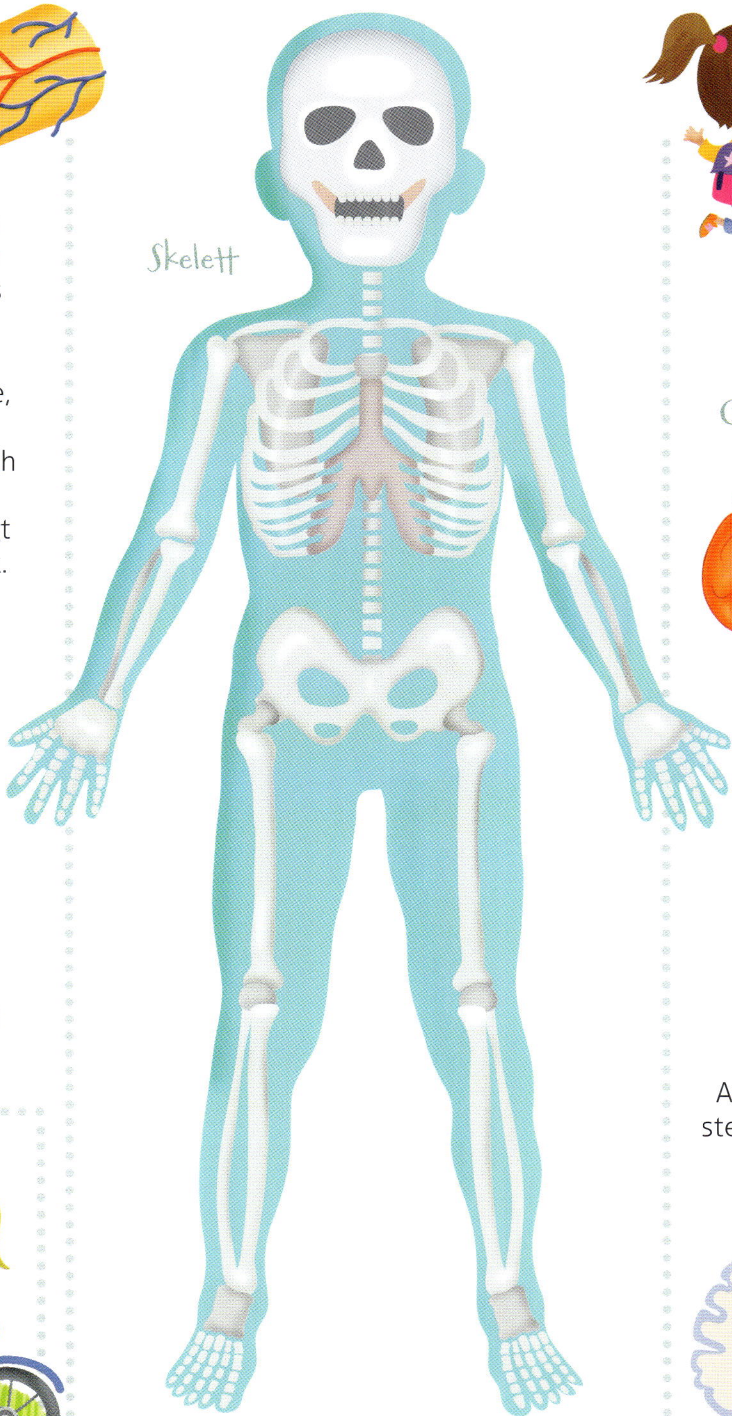

Das Skelett besteht aus 206 Knochen, die den Körper stützen. Es schützt die inneren Organe und macht es möglich, dass wir uns bewegen.

In jedem Alter ist es sinnvoll, dass wir unser Gehirn beschäftigen und uns durch Bewegung fit halten.

Alles, was wir tun, wird von unserem Gehirn und dem Nervensystem gesteuert. Milliarden Nervenzellen, die Neuronen, verbinden alle Teile unseres Körpers mit dem Gehirn, das unsere Bewegungen koordiniert.

Gehirn

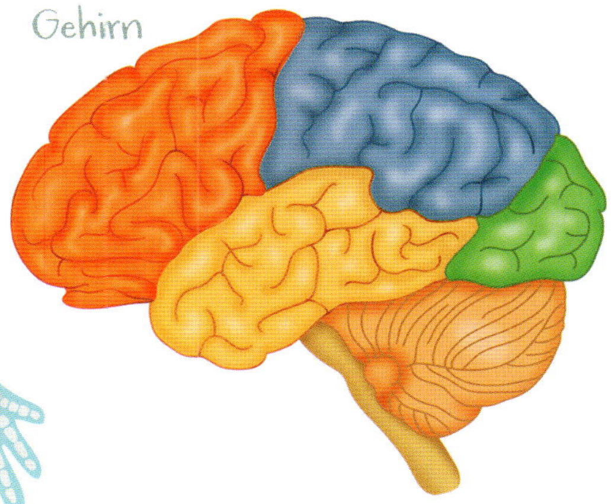

Der wichtigste Teil des Gehirns ist die Hirnrinde (Cortex), die äußerste Schicht. Dicht an dicht liegen hier Nervenzellen, die Reize von außen empfangen. Der Cortex ist in viele Bereiche eingeteilt, die unterschiedliche Aufgaben haben, etwa das Sehen zu steuern, die Sprache oder das Denken.

Gehirnhälften

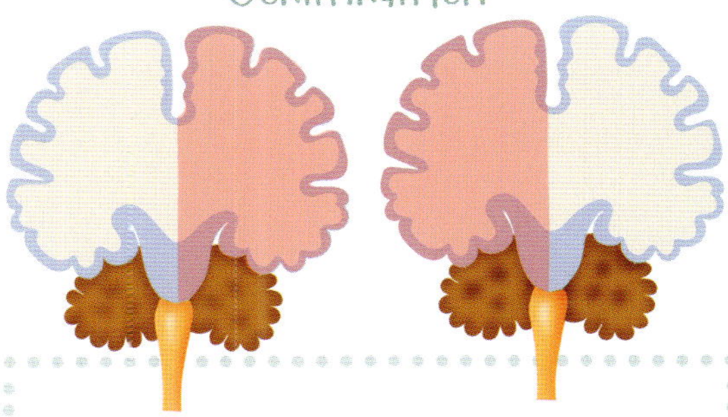

Die beiden Hälften unseres Gehirns haben unterschiedliche Aufgaben. Die linke Hirnhälfte ist für logisches und mathematisches Denken zuständig, während die rechte unsere Kreativität beeinflusst.

Verdauung und Sinnesorgane

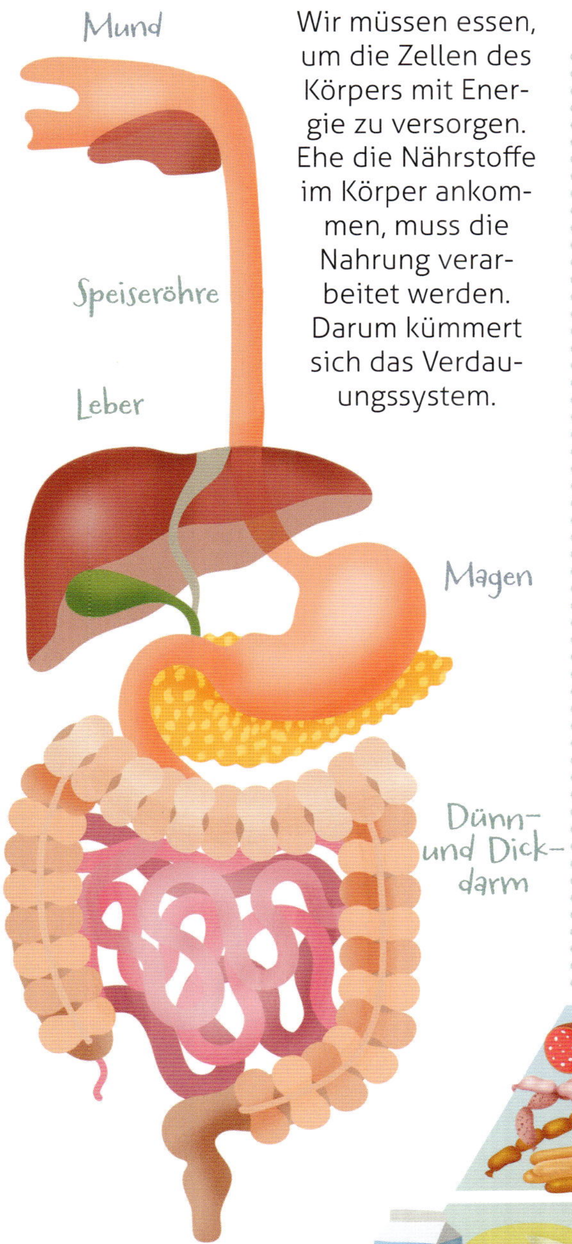

Wir müssen essen, um die Zellen des Körpers mit Energie zu versorgen. Ehe die Nährstoffe im Körper ankommen, muss die Nahrung verarbeitet werden. Darum kümmert sich das Verdauungssystem.

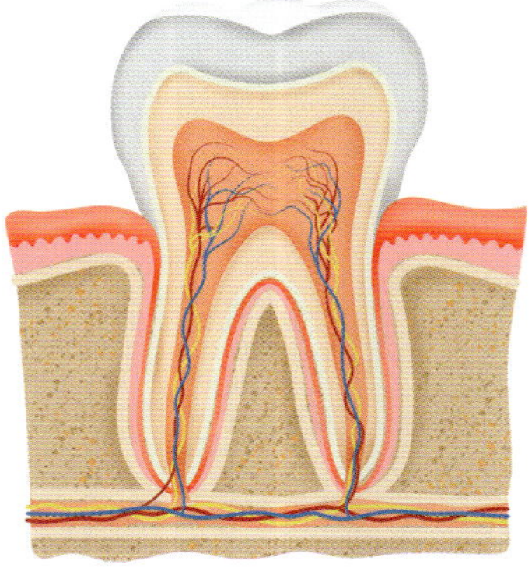

Außen sind die Zähne von hartem Zahnschmelz bedeckt. Darunter liegen das Zahnbein und das Zahnmark mit Adern und Nerven.

Ein Kind bekommt zuerst 20 Milchzähne. Zwischen dem 6. und dem 12. Geburtstag fallen sie aus; dafür wachsen 32 bleibende Zähne nach.

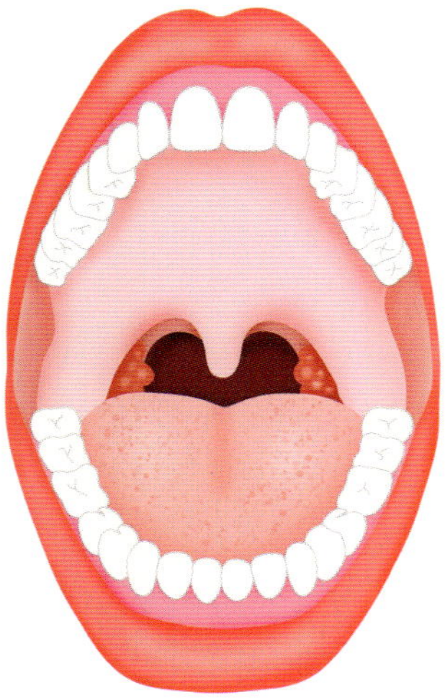

Zerkautes Essen gelangt zuerst in den Magen. Dort bleibt es drei bis vier Stunden und wird durchmischt.

In dieser Zeit kommt der Magensaft hinzu, und es entsteht ein Speisebrei (Chymus).

Der Chymus wird in den Dünndarm weitergegeben, wo kleine Erhebungen die Nährstoffe aufnehmen. Man nennt sie Darmzotten.

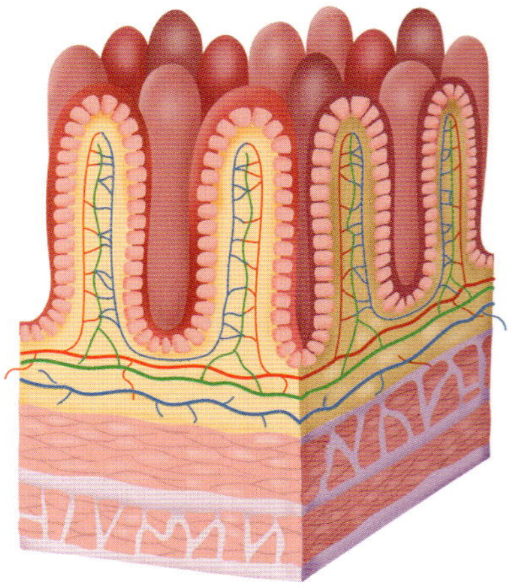

Ganz oben in der Pyramide stehen die Nahrungsmittel mit den meisten Kalorien. Sie schenken uns viel Energie, aber man sollte sie nur in Maßen essen.

Bei einer gesunden, ausgewogenen Ernährung essen wir von den verschiedenen Speisen nicht zu viel und nicht zu wenig.

Stark fettige, salzige und gesüßte Speisen und in Öl gebratenes Essen sollten wir meiden.

Milch liefert Eiweiße und Kalzium für die Knochen.

Die Basis der Ernährung bilden Getreideprodukte, die uns Energie verleihen. Frisches Obst und Gemüse sind wertvolle Quellen für Vitamine und Mineralstoffe.

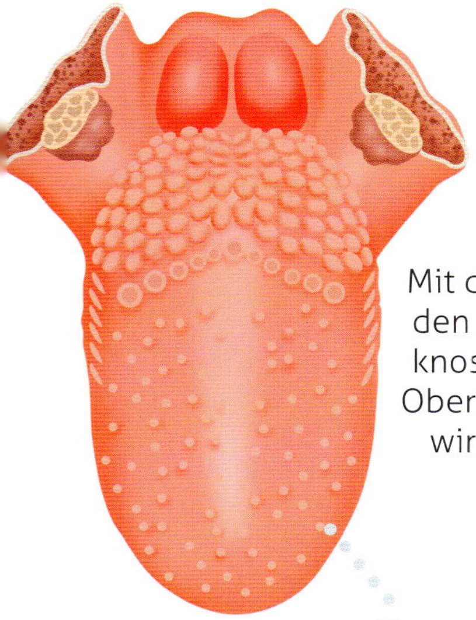

Mit der Zunge und den Geschmacksknospen auf ihrer Oberfläche können wir schmecken.

Zunge

Auf diese Weise erkennen wir fünf Geschmacksrichtungen: süß, bitter, sauer, salzig und herzhaft. Am besten können wir schmecken, wenn die Nahrung flüssig ist, deshalb wird sie im Mund mit Speichel vermischt.

Die Moleküle, die wir riechen, sind mit der Luft vermischt, die uns umgibt. Wenn wir atmen, gelangen diese winzigen Teilchen in unsere Nase und auch in den oberen Nasengang, wo die Riechzellen liegen.

Die Nase hat Millionen von Rezeptoren, die Tausende Gerüche unterscheiden können. Die riechbaren Moleküle werden im Schleim der Nase aufgelöst und gelangen so an winzigste Härchen, die zu Nervenzellen mit Rezeptoren gehören. Diese senden Signale an das Gehirn.

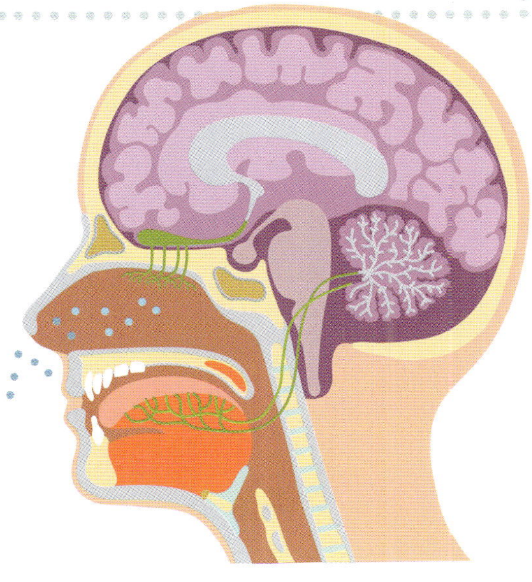

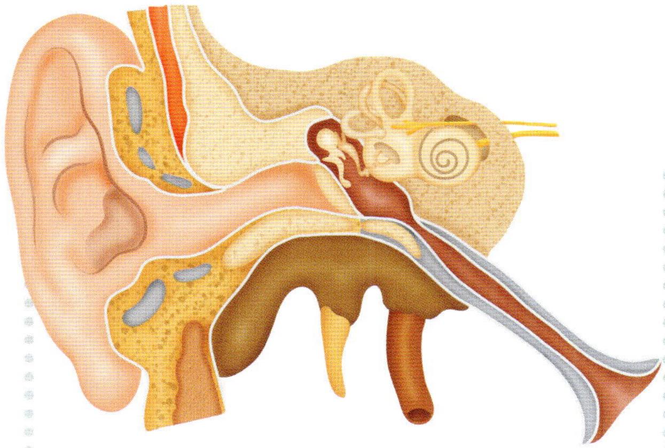

Mit dem Ohr können wir Geräusche hören, die durch die Luft übertragen werden. Schallwellen dringen ins Ohr ein und treffen auf das Trommelfell, das dadurch zu schwingen beginnt. Das innere Ohr nimmt diese Reize auf, verwandelt sie in Signale und schickt sie ans Gehirn.

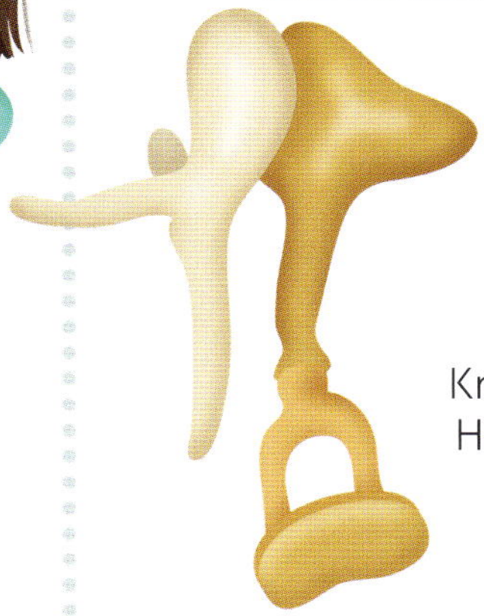

Die Verbindung zwischen dem Trommelfell und dem Innenohr besteht aus drei Knöchelchen, die man Hammer, Amboss und Steigbügel nennt.

In der unteren Schicht der Haut liegen Sinneszellen, mit denen wir Berührungen spüren. So fühlen wir, welche Form ein Gegenstand hat, ob er weich ist oder rau, ob er heiß ist oder kalt.

Haut

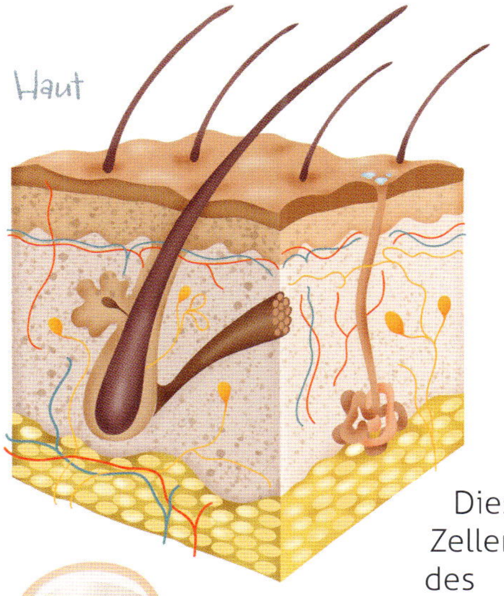

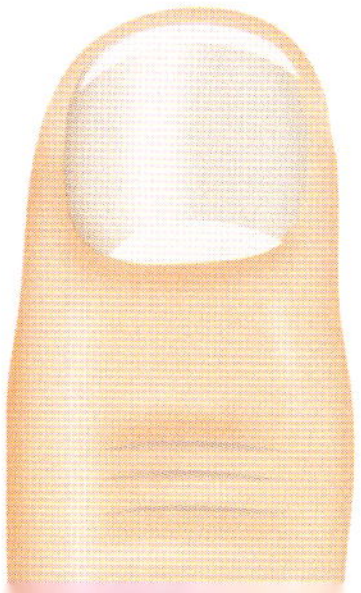

Diese Zellen des Tastsinns sind in den Fingerspitzen besonders zahlreich.

Unsere Augen sind lichtempfindlich. Wenn es zu hell ist, sollten wir sie durch eine Sonnenbrille schützen.

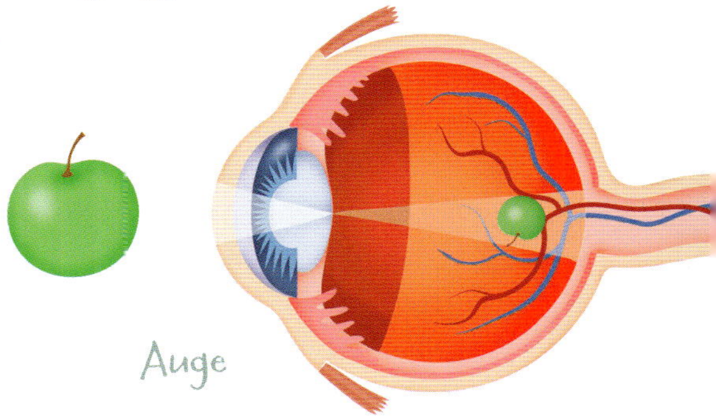

Auge

Unsere Augen können Licht wahrnehmen. Damit wir Dinge sehen können, müssen sie Licht in unsere Richtung zurückwerfen. Dieses Licht dringt durch den Augapfel und erzeugt auf seiner inneren Rückwand ein umgekehrtes Bild.

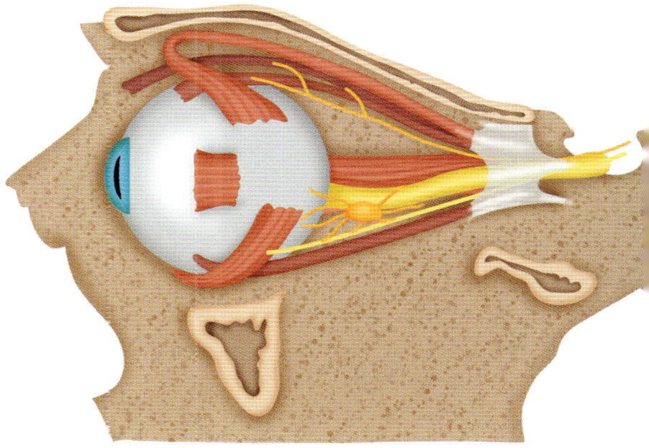

Durch sechs kleine Muskeln können sich die Augen in alle Richtungen drehen und Licht einfangen. Wenn es durch die Pupille auf die Netzhaut fällt, schickt diese ein Signal an das Gehirn.

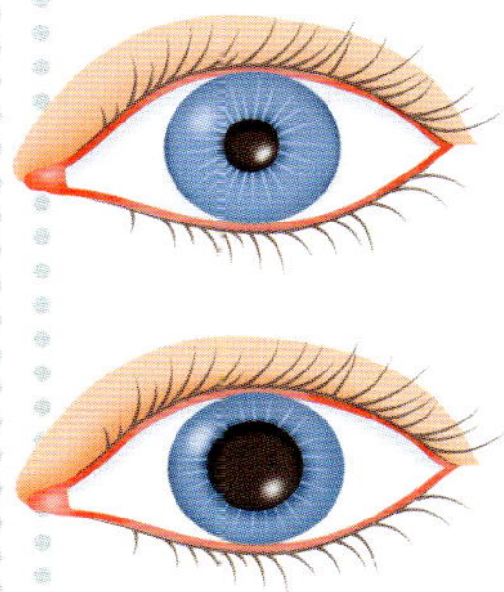

Die Größe der Pupille verändert sich je nachdem, wie hell es ist. Je dunkler es ist, desto weiter öffnet sie sich.

Tiere aus aller Welt

Manche Fische sind echte Weltmeister im Schnellschwimmen.

Schildkröten sind Reptilien. Sie leben seit rund 200 Millionen Jahren auf der Erde und haben sich seither kaum verändert.

Tiere haben alle Gebiete der Erde besiedelt. Jede Art hat einen bestimmten Lebensraum, an den sie sich mit der Zeit angepasst hat. Viele verschiedene Arten können sich denselben Lebensraum teilen, indem sie sich von unterschiedlichen Dingen ernähren. Weil Gebirge und Meere Grenzen bilden, können sich manche Arten nicht weiter ausbreiten – aber das gilt nicht für Tiere, die fliegen oder schwimmen können.

Die größte Anzahl Tierarten findet man in den tropischen Regenwäldern. Werden große Waldgebiete abgeholzt, ist diese Artenvielfalt in großer Gefahr.

Pinguine sind Vögel, deren Körper sich an das Leben im Wasser angepasst hat. Sie können nicht mehr fliegen, sind aber schnelle Schwimmer.

Die Arktis ist eine lebensfeindliche Region. Viele Tiere wandern nur für die Sommermonate dorthin.

Der Sibirische Tiger, die größte Katze der Welt, ist heute sehr selten.

Nashörner sind vom Aussterben bedroht, weil sie von Wilderern gejagt werden.

Flusspferde leben am Ufer von Seen und Flüssen.

Der Blauwal ist das größte Tier, das je auf der Erde gelebt hat.

Fast alle Säugetiere in Ozeanien sind Beuteltiere. Wie die Kängurus tragen sie ihre Jungen in einem Beutel aus.

Der Tasmanische Teufel ist sehr scheu und selten zu sehen, aber sein lautes Kreischen kann Menschen Angst einjagen.

Insekten

Die Welt der Insekten besteht aus mehr als einer Million Arten. Ihr Körper ist in drei Teile gegliedert, sie haben drei Beinpaare und Fühler am Kopf.

Insekten verändern im Lauf ihres Lebens mehrfach die Gestalt. Manche, zum Beispiel die Grillen, sehen gleich so aus wie ausgewachsene Tiere, nur kleiner und ohne Flügel. In dieser Phase heißen sie Nymphen. Sie häuten sich mehrmals, bis ihre Entwicklung beendet ist.

Schmetterlinge, Bienen und andere Insektenarten haben einen anderen Lebenskreislauf. Die jungen Tiere sehen ganz anders aus als die ausgewachsenen. Sie sind zuerst Larven oder Raupen.

Nachdem sie sich mehrfach gehäutet haben, verpuppen sich die Larven. Als Puppe bewegen sie sich kaum noch und nehmen kaum Nahrung zu sich, aber im Inneren findet eine große Verwandlung statt.

Im Inneren nehmen die erwachsenen Insekten die endgültige Gestalt an. Wenn sie aus dem Kokon schlüpfen, sind die Flügel noch zerknittert. Doch dann entfalten sie sie, lassen sie trocknen – und können fliegen.

Käfer sind robuste Insekten mit einer oft schwarzen Haut, die metallisch glänzt. Viele Arten schillern aber auch in auffälligen Farben.

Sie ernähren sich vor allem von Exkrementen. Mistkäfer formen Kugeln aus Dung, rollen sie zu ihrem Versteck und graben sie ein. Dort dienen sie als Nahrung und Schutz für die Nachkommen. Die Ägypter brachten das Rollen der Dungkugeln mit dem täglichen Aufgang der Sonne in Verbindung und verehrten manche Käfer als heilig.